U0812531

胡文佩　主编

石油名匠

SHIYOU MINGJIANG

商务印书馆
创于1897　The Commercial Press

2018年·北京

图书在版编目(CIP)数据

石油名匠／胡文佩主编. —北京：商务印书馆，2018
ISBN 978-7-100-16706-2

Ⅰ. ①石… Ⅱ. ①胡… Ⅲ. ①石油工业—工人—先进事迹—中国 Ⅳ. ①K826.16

中国版本图书馆CIP数据核字（2018）第229217号

石油名匠

胡文佩 主编

商务印书馆出版
（北京王府井大街36号 邮政编码 100710）
商务印书馆发行
北京新华印刷有限公司印刷
ISBN 978-7-100-16706-2

2018年11月第1版 开本 787×1092 1/16
2018年11月北京第1次印刷 印张 14 1/4

定价：68.00元

前言

幸福都是奋斗出来的，新时代是奋斗者的时代。

他们是时代先锋，他们的故事可以串联成一部石油人的当代史；他们是石油人的楷模，他们的事迹精确地描摹出工匠精神的脉络。

放眼祖国广袤的大地，正是有无数的他们，才高高擎起了石油的红旗，辉煌了壮丽的中国。他们是“土专家”，在石油战线一干就是数十年，奋战大漠戈壁、转战大江南北，恪尽岗位职责；他们是“发明家”，为解决工作中的难题，醉心于“最后一公里”的发明创造，让废弃的油井、机器在他们手中重新焕发生机；他们是“呵护者”，视质量为生命，匠心独运，于精雕细琢中追求超凡卓绝的品质；他们是“守望者”，奋战在最普通的工作岗位上，提升技能的高度，拓展职业的宽度，把看似最平凡、最简单的事情做到了极致。

一针一线，织得漫天锦绣；一锤一管，打通石油动脉。

一代代石油工人，坚守执着追求的初心，承继历久弥新的匠心，秉持改革创新的进取之心，书写出忠诚担当、坚忍无畏、改革攻坚的石油精神。

新时代有新使命，对劳动者素质提出了更高要求，也为劳动者成长创造出广阔的平台。在中国制造向中国创造、中国速度向中国质量、制造大国向制造强国转变的历史进程中，急需一大批精益求精、追求卓越的劳动模范和大国工匠。

精于工，匠于心，品于行。今天我们采撷出石油名匠中的代表，记其巧绝之技，述其鸿鹄之志，展现新时代石油工人的风采，为新时代石油工人赋能，以期“弘扬劳模精神和工匠精神，营造劳动光荣的社会风尚和精益求精的敬业风气”。

石油名匠
SHIYOU MINGJIANG

目录

工匠精神　时代传承

林晓洁

2018 年 4 月 25 日，在中共中央宣传部、全国总工会举办的“最美职工”发布仪式上，10 名获奖职工中，一身中国石油红色工作服的谭文波格外引人注目。

在领奖台上，谭文波激动万分又感慨万千。26 载扎根新疆茫茫戈壁深处，作为中国石油西部钻探工程有限公司试油公司井下作业工具工的他，醉心于技术钻研与发明创造。在一次次的实验中、一个又一个废寝忘食的日子里，他挥洒着青春与汗水，先后完成技术论文 24 篇，开展小改革 34 项，获得实用新型专利 8 项、发明专利 4 项，培养了一大批青年技术骨干。

谭文波用“走火入魔”的工匠精神，诠释了“大国工匠”的精神与担当；他用一项项成果与荣誉，阐释了勇挑攻坚重担的初心。

谭文波能够获此殊荣，一个重要的原因，是中国石油对高技能人才培养的高度重视。

庞大优质的高技能人才队伍业已形成——

截至 2017 年底，中国石油技师及以上高技能人才 3.3 万人，其中，企业技能专家 1404 人，集团公司技能专家 338 人，享受国务院政府特殊津贴 50 人，

168 人获全国技术能手称号，6 人获中华技能大奖。这支队伍规模日益壮大、结构日益优化、素质逐步提高。

技能人才的积极作用充分发挥——

中国石油已创建国家级技能大师工作室 18 个，集团公司技能专家工作室 54 个，企业技能专家工作室 94 个。以两级技能专家为引领的高技能人才，积极利用专家工作室等平台开展创新创效活动，几年来，申请专利 1000 余项，赴生产现场服务 1 万多次，解决生产难题 8000 多项，培养技能骨干 7000 多人，有力地推动了企业生产提质增效。

回首过往，几多付出，几多收获。

坚持求真务实　实现持旧达新

致天下之治者在人才。中国石油深谙其理。

“党的十九大明确提出‘建设知识型、技能型、创新型劳动者大军，弘扬劳模精神和工匠精神，营造劳动光荣的社会风尚和精益求精的敬业风气’，为我们做好新时代技能人才工作提供了基本遵循和行动指南。”中国石油有关负责人说。

面对新时代、新要求、新挑战，中国石油有新的认识。“我们比以往任何时候都更需要全体干部员工的激情与智慧、实干与创新，比历史上任何时期都更需要拥有一支有理想守信念、懂技术会创新、敢担当讲奉献的技能过硬的人才队伍。”该负责人说。

思路决定出路。近年来，为了推进技能人才管理创新，中国石油始终坚持求真务实的思路。

求真务实，就是脚踏实地。中国石油以提升队伍的实际工作能力和一线生产实效为目的，紧贴企业实际以及发展需要，坚持问题导向，突出以用为本，注重素质提升，大力提高技能人才使用效能。求真务实，就是大处着眼，小处着手。根据形势变化和新的要求，结合实际情况，不断改进工作，看准了就坚持做下去，务求取得实实在在的效果。

“近年来，中国石油启动操作员工技能晋级计划、创新创效能力提升计划和‘石油名匠’培育计划等工作，取得较好的工作成果，都是这一工作思路的体现。”中国石油有关负责人说。

守正出新亦是题中应有之意。在技能人才管理的政策和制度方面，中国石油与时俱进，实现了规范化、流程化和科学化。

比如，在技能人才评价政策方面，中国石油在国家职业资格证书制度基础上，提出建立中国石油操作员工技能等级评价制度，并修订出台了《集团公司职业技能鉴定管理办法》，与国家职业资格证书改革、推动由企业和行业自主开展技能评价的思路完全一致。

“这既实现了对国家政策的快速适应，又实现了中国石油技能人才职业发展和评价政策的调整和平稳过渡。”中国石油有关负责人诠释道。

加强顶层设计　科学整体规划

体制新，则人才聚；机制顺，则活力增。加强顶层设计，方能破除束缚人才发展的思想观念和体制机制障碍，形成有利于技能人才快速成长和充分发挥作用的制度环境。

一项项举措陆续出台——认真贯彻落实中央人才体制机制改革意见和产业工人队伍建设改革方案，全面推进操作技能人才培养开发工程，以实施操作员工技能晋级计划，搭建技能人才职业发展体系为基础，以实施创新创效能力提升计划，提高一线员工技能水平为手段，以实施"石油名匠"培育计划，打造核心技能骨干人才为引领和示范，来宏观规划和整体设计技能人才队伍建设工作。

一个个实招接连落地——督导重点企业做好技能人才队伍规划，制定实施细则，细化工作方案，分区域组织开展技能人才培养开发工程实施情况检查和交流，对企业落实中国石油技能人才队伍建设思路、政策和措施进行靠前指导和服务，总结推广先进经验和做法，推动企业加快构建适应发展需要的技能开发工作体系。

中国石油始终坚持抓重点、抓指导、抓示范、抓基础，整体规划和措施得到企业和一线操作员工的高度认可，使他们的积极性和能动性进一步增强。

完善政策机制　构建晋级体系

中国石油不断完善政策机制，操作员工技能晋级体系基本构建。

创新之举不断涌现——研究下发《高技能人才管理办法》和《关于推进操作员工技能晋级计划实施工作有关意见的通知》，进一步完善高技能人才培养、评价、选拔、使用和激励机制。畅通技能人才职业发展通道，在原有5个技能等级基础上，对主要生产工种增设了首席技师、企业技能专家、集团公司技能专家和技能大师，建立技能人才九级晋升制度，在主营业务形成高技能人才汇聚优势；完善技能等级与管理人员、专业技术人员各级间互认条件，突破技能人才职业发展瓶颈，实现技能人才发展纵向贯通能上能下，三支人才队伍横向"转换"顺畅合理。

同时，完善高技能人才技能津贴制度，建立凭职业技能水平得到使用和提升、凭业绩贡献确定收入分配的激励机制，参照管理人员序列制定技能人才待遇标准，其中集团公司技能大师比照所属企业副总经理享受相关待遇。

此外，推行技能晋级积分制，突出绝技绝活、技改革新、技艺传承等关键要素，通过量化积分，开展高技能人才选拔、评价、使用和考核等，突破年龄、学历、资历、身份等条件限制，形成有利于技能人才快速成长和充分发挥作用的制度环境。

积极反应快速出击——为了响应国家政策调整，下发《关于建立操作技能人员职业技能等级评价制度及做好下一步职业技能鉴定工作的通知》，全面建立集团公司职业技能等级评价制度，将等级证书作为操作技能人员上岗、技能晋级和享受相关待遇的重要依据，修订发布《集团公司工种目录》，编制 283 个主要生产工种评价标准、鉴定题库和培训教材，实现了技能等级评价、技能培训和技能人才使用的有效衔接。

一项项科学高效的政策机制，有利于实现技能人才待遇和自我价值的提升，有利于推动企业技能人才评价工作。

营造创新环境　提升员工素质

创新是时代的特征，是企业发展的不竭动力，更是企业长远发展的必然要求。中国石油努力营造鼓励创新的环境氛围，操作员工能力素质持续提升。

固有界限得以打破——由集团公司技能专家工作室牵头，分专业开展技术交流和一线创新成果推广应用活动。面向生产一线征集创新成果案例1452项，解决生产问题400余项，300多名技能专家登台交流，编写《一线创新成果案例集》，充分发挥了技能专家工作室平台和智库作用。打破技能创新成果企业间壁垒和专业的界限，推动智慧共享、成果共享，在集团层面搭建了联合技能攻关平台、技艺展示交流平台和一线创新成果推广应用平台，得到企业和基层员工的高度认可。

推陈出新，继往开来——建立以技能专家为主体的高技能人才培训师资队伍，完善主要生产工种高技能培训配套教材，打造集团公司精品技能培训项目。以技能等级标准和培训教材为基础，组织开发微课、微视频等多媒体课件和远程培训课程，采取线上自学、线下专项教学相结合的方式，开展多层次、大力度、有实效的职业技能培训。推动产教融合，探索建立新型校企合作模式，落实现代学徒制，加大高技能人才培养力度。大力创新职业技能竞赛方式，推动竞赛项目由单一岗位技能向大工种复合技能转变，选拔方式由种子选手向全员参与转变。对获奖人员在物质重奖基础上，给予破格晋升职业技能等级，授予相应荣誉，并纳入高技能后备人才培养。

累累硕果记录着无数的心血和汗水。2017 年，中国石油成功承办上合组织国家职工技能大赛和全国石油石化行业电焊工职业技能竞赛，在组队参加的 5 个工种国际国内赛事中，夺得 4 个团体第一名、1 个团体第二名，3 人被推荐评为全国技术能手，6 人荣获行业技术能手称号，27 人获得表彰，充分展示了中国石油技能人才的精湛技艺和非凡实力。

坚持高端引领　培育领军人才

高端人才是人才队伍的“核心”，引领着人才队伍的整体素质和能力，是人才队伍建设的重中之重。

中国石油注重技能领军人才建设，“石油名匠”培育工作成效显著。63 名集团公司技能专家被选定为“石油名匠”重点培养对象，逐一制定培养计划，签订三方协议，集团公司、企业和基层发挥各自优势，分层分级共同加强技能领军人才培养。

为了尽全力打造技能领军人才，中国石油首创菜单式高端培训项目清单，组织技能专家按需选课，插班参训，补充理论短板，完善知识结构。同时，还举办创新方法应用培训班，专家带着项目参训，在学习中发现问题，在解决问题中形成成果，在培训过程中提升能力。此外，还大力推动技能专家“红工衣”和技术专家“白大褂”合作，组织技能专家与技术专家签订合作协议，推动技能专家工作室和科研院所互建工作站，促进人才双向培养，成果双向转化。

雄关漫道真如铁，而今迈步从头越。

“当前，国家油气体制机制改革和中国石油持续稳健发展进入关键时期，对员工队伍素质特别是岗位操作技能提出了更高要求。”中国石油有关负责人说，下一步，中国石油将以党的十九大提出的“建设知识型、技能型、创新型劳动者大军”为目标，以深入实施技能人才培养开发工程，大力推进“三个计划”为主线，着力完善技能人才工作机制，着力打造核心技能骨干队伍，着力构建技能人才作用发挥平台，优化成长环境，提升能力素质，激发队伍活力，为中国石油稳健发展提供坚实的技能人才保障。

今生　我在花土沟……

武　唯　李彦秋

黄沙漫漫，赤日炎炎。

辽阔的戈壁高原，看不到生命迹象，没有四季轮回的颜色，只有温度的莫测变幻和流转的苍穹星空。

天地之间，一片洪荒，一眼千年。

曾几何时，声声驼铃划破了岁月的沉寂，红黄蓝绿的磕头机点染了荒漠的清冷。

几代石油人穿越生命的禁区，扎根柴达木盆地，在中国石油青海油田花土沟油气田区勘探出 5 亿吨的油气储量，以壮丽的奋斗之歌谱写出人生芳华。

奋斗者的基因传承

花土沟地处青藏高原的柴达木盆地，平均海拔 3000 米，氧气稀薄，自然气候与平原迥异。长期居住此处，高原会对人体机能悄然“改造”，尤其是心肺功能会受到很大影响。

在这样的地方工作、扎根的，是一群什么样的人?

李余成快退休了。1983 年从西南石油学院毕业来到花土沟，一直在钻井里耕耘，在解决生产问题中磨练，一步步成长为钻井专家。

青海油田的人都以狮 205# 井为傲，日产原油 1089 吨，日产伴生气约 10 万立方米，是狮子沟英西作业区成功钻探的少有优质井。

在这口井的岁月印记上，镌刻着李余成的坚韧与辛劳。2016 年 6 月，狮 205# 井遇到高压油气层，被卡住了“脖子”，整个井场弥漫着刺鼻的气味。李余成临危受命，连夜从青海油田敦煌基地驱车 500 多公里赶往狮 205# 井。

6 月的高原凌晨，仍然寒风刺骨。面对复杂的地下情况，李余成心里明白，一旦措施不妥就会对油层带来灾难性破坏。整整两天两夜，办法想了一个又一个，终于确定了抢险方案。井修好了，但由于截流循环天然气压力较大，泥浆温度过高，复产过程中，再一次发生险情。又是几十个小时的调试和反复试验，一波又一波的险情最终被排除。

几天下来，李余成似乎老了好几岁。但是，当他看到滚滚油流奔涌而出时，满脸泥浆，浑身油污，也难掩心中的激动与欣喜。

2018 年，李余成退休了。他遵从自己的内心，为石油工业奋斗到职业生涯最后一天。

油流不止，采油的接力棒在一代又一代人的手里传递。

孔令东从 20 世纪 90 年代起就在这里工作，转战过很多采油区，经验丰富，获奖无数。但他始终坚守在英东采油厂班长的岗位上，是名副其实的老班长。30 多年的高原一线工作，为的是什么？他说，喜欢石油的味道。

老班长身体很好，即使 -30℃也不会穿得多臃肿，为的是保持身形敏捷，便于各种应急事件的处理。他说：“一线班组长最需要的是随机应变的应急处理能力。”基于老班长多年的工作经验和高超的应变能力，厂里遇到什么难啃的骨头，首先想到的就是他。

石油是他的“至亲”。有一段时间，由于工作业绩突出，他被调整到管理岗。有位同事心脏要做搭桥手术，需要离开一线，于是找到了他，希望能与他调换岗位。由此孔令东再次回到班组，此后就再也没有离开，在班长岗位上坚守到现在。

从事石油开采工作的人经历的大会战数不胜数，有新井开井，有应急抢修。孔令东自然身经百战。但 2013 年会战却不同以往。

那时，女儿在敦煌基地备战高考，孔令东在花土沟备战石油高产。6 月至 8 月是英东油田上产的关键时期，孔令东离不开井，井也离不开他。他觉得陪伴不是最好的鼓励，在岗位上奋斗更能为女儿鼓劲。父女连心，奋斗者的力量传递给了女儿。不负期望，女儿如愿考入大学。

他是如此喜欢油田，他说："走在井上，每个机器都在与你交流。"说话声伴随着浓重的喘息声。

2018 年年初，自诩身体一向很好的他感冒了，茫崖行委人民医院的诊断结果是肺水肿。这种病是高原常见病，喘息声就是高原给他留下的"印记"。

孔令东没有因为病情耽误工作。跟往常一样，每天 7 点起床，8 点 20 分到办公室了解重点井的生产参数，8 点 40 分召开小组会，安排一天的工作。

精神的传承不需要太多的语言，默默行动更给人以力量。

20 世纪 90 年代出生的孙宝，也是一线班长，给人的印象是经常冬天一身冰碴，夏天满身大汗。他像个小家长，总是把最危险、最艰难的任务安排给自己。尤其是面对高产井时，他会激动得一夜睡不着。有时会连续 30 多个小时在井上干活儿，实在太困了就在皮卡车上眯一会儿。他说："休息室太远了，太浪费时间。"

这样的儿子，就是母亲希望的样子。孙宝的母亲已经退休，但仍时时刻刻关注油田的新闻，只要青海油田的官方微信上有关于儿子的报道，她总是第一个为他点赞：妈妈为你骄傲！

战风沙、斗寒暑，与天地为伴，他们其乐无穷。

90 后的不一样天空

脚踏青藏高原，东祁连，西昆仑。这样的天空真的不一样。生于斯，长于斯，总会陶冶出不一样的胸怀与格局。

在青海油田有一个真实的故事。在南方航空公司工作了两年多而且一直非常顺利的空姐李洁琳辞职了，回到青海油田当了一名石油工人。是什么原因促使她甘愿从一名空姐转身做油花满身的采油工？

李洁琳是油三代，父母都是石油人。在父母的眼里，为石油奋斗的人生更有价值。这位空姐听从了内心的召唤，回到了狮子沟采油区。

这个故事让同在狮子沟采油区的 90 后刘梦珊感悟很多。她很漂亮，有模特一般的身材，但出众的外表并没有阻止她扎根油田的想法。

7 岁前，刘梦姗一直生活在花土沟，1997 年上学时全家才搬到敦煌。2012 年大学毕业时，刘梦姗放弃了留在繁华城市的机会，从母亲手里接过了为祖国献石油的接力棒，把老一代石油人当作榜样和学习目标。

内心不是没有波动过。刚工作时刘梦姗不适应重体力劳动，全身累得酸疼，工衣上到处是油，油腥味刺鼻。冬天滴水成冰，山风似刀，脸冻得僵硬了，手和脚也不听使唤了，刘梦姗忍不住怀疑当初的选择是否明智。

可每每此时，老辈们住土窝子、睡帐篷的故事就会不自觉地在她脑海里回旋。慢慢地，她又重新打起精神。就这样，在不断的意志修炼中，她成长为一名优秀的采油工。当有单位提出挖她离开花土沟时，她毫不犹豫地拒绝了。

采油二班的李月是个技术能手，不到 30 岁就连续两年获得厂里技能竞赛的第二名。

她爷爷在 1955 年大学毕业后，被分配到青海油田从事测井工作。“我的爷爷和爸爸都很能干，当年的生产和生活环境比现在艰苦得多，那时候连像样的食堂都没有，现在我没有什么坚持不下来的。”上大二时，受父辈的影响，李月就来青海油田“考察”过，大学毕业时，她义无反顾地选择了这里，很快习惯了高原的生活。

如今，结婚不到一年的李月打算扎根在花土沟。她说：“我爱人在油田的测试公司，这里就是我的家了。”

夫妻们的岁月并不静好

花土沟的颜色基调是黄色，赶上天气晴朗，黄色基调的调色板上，大自然会涂抹上蓝色和白色。远处巍峨的昆仑山，一片黛色，令人心旷神怡。只不过，这蓝天白云的好日子不多，更多的时候是风沙肆虐。花土沟水源稀少，植被无法生存，没有色彩斑斓，只有月下，没有花前。

基地因油而生，经过几代人的不断改造，生产区员工的生活条件大为改善，但仍物资紧缺。即使是在花土沟基地，生活必需品也远远满足不了需要，更不要说分散于各生产井周边的接转站与生活区了。生活区吃点水果全靠十几天一次的流动小卡车的商贩供货。点对点服务的价格，自然要比城市高出很多。

再偏远的地方，爱情的阳光也会普照。无法花前诉情，并肩工作未尝不是一种风情。

狮子沟采油作业区的苏珊珊，负责采油区的内控体系，以前是一名井下工，掏过钢管，开过抓管机。外表娇弱的她，撸起袖子，手臂上的肌肉线条分明。面容姣好的她，不乏追求者。但她把心留给了石油人。她和爱人秦涛因油生情，共同的工作与爱好让他们走到了一起。

在作业区简陋的工作站，苏珊珊麻利地整理着文件。她说，秦涛是牛东试油大队的试油工，工作很忙。“我们俩一年在一起的时间不超过两个月。”

试油大队常规工作是通过地震勘察、钻井录井、测井等间接手段，初步确定可能的含油（气）层位并进行直接测试，取得目的层的产能、压力、温度、油气

水性质等地质资料，工作十分艰苦。因为这个岗位没有多少吸引力，愿意到这样的环境工作的人不多，班组人手紧张，所以秦涛很忙。秦涛野外工作时，手机网络信号经常覆盖不到，夫妻俩几天联系不上是常有的事。

石油人的爱情难以朝朝暮暮。这样的生活是乌南油田的兰佳慧刚开始没有想到的。

出于成本考虑，有些油井没有连成片，不会铺设输送管道，这样的井被称为单采井。单采井采出的油，需要油罐车运输，兰佳慧干的就是押运油罐的工作。

每天凌晨 4 点半，她押车出发，到下午 6 点半也不见得能回到生活区。夏天，很可能会与一场大雨不期而遇，用不了 10 分钟，大雨就能把她浇透。冬天，冷是预料到的，但风却不会听话，如果风沙特别大，为了安全起见，工作必须停止。等风停了，再爬到两米高的油罐上继续工作。月黑风高时，常会看到忽闪忽闪着眼睛的狐狸和野兔。

哭是常有的事情。但是因为能与丈夫袁晨玮一起工作，兰佳慧坚持了下来。

押运油罐车很难能按时按点下班，食堂里经常看不见他们。兰佳慧满不在意地说："这样可以减肥啊！"好在，丈夫会在下班后为妻子备好晚餐。

苏珊珊的孩子一岁多了，跟着爷爷奶奶在敦煌基地生活。她一年只有 4 个月的时间可以陪孩子。奋战在高原油田的子辈们，已适应了这样的生活。

在这里，很多家庭一家人生活在一起的时间很少。苏珊珊说，刚结婚的时候，两人还能安排好时间，一起看看电影，外出旅游，享受城市青年的正常生活。有了孩子后，为了尽可能保证父母双方有一个人陪在孩子身边，两人会尽量错开时间。青海油田的第一个基地——冷湖，就成了他们交接孩子、见面的"鹊桥"。

"前段时间孩子发烧，烧了将近 1 个月。但是岗位一个萝卜一个坑，没有周末，也申请不了倒休，只能让也在生病的婆婆照顾。"说到此处，苏姗姗的眼圈红了。

油田的"吉卜赛人"

刚硬彻骨的漠风昼夜不息地吹着"长哨"，刀割长梦，风霜万里，都是移动在油田生产区人们的"生活佐料"。

和着风沙、就着原油的味道吃饭，两三个月甚至不到就要换一个工作场所，勘探、钻探、试油、维修的人们，犹如吉卜赛人一样流动在茫茫戈壁之上，行走在高原之巅。风餐露宿，365 天除了轮休，天天如此。

进了厂区，在曲折的道路上没有会车，碰不上人烟，一行人与几辆大型载重卡车默默前行。他们的岁月是流动的，也是轰鸣的。

初夏的高原风说来就来，呼啦啦地吹直了彩旗。

井下作业公司试油测试大队 S05820 队的 16 个人，在风中架起了高达 30 米的作业支架。长期野外工作，他们的皮肤都是黝黑的，不经意间露出皮肤上残留的一些伤疤。

试油大队刚刚完成了狮 06# 井的测试，就到了这里。此行的目的是对油井补孔抽取第二层的油，用压裂车进行压力改造，测试是否能达到工业油流并进行储能改造。工期预计 1 个月。

副队长陶静说，这口井是第二次测试，他们需要置换深达 4000 米的桥塞，也就是要把每根长约 9.6 米，重约 180 公斤的根管输送到井下，一层一层完成测试。完成一层测试需要 15 天左右，然后封堵油层，进行第二层测试。机器一旦转动起来，就不能停。他们吃饭休息都得在工地上解决。

多变的自然环境于他们而言是小儿科，硫化氢等有毒气体带来的施工问题和封堵过程中出问题才是最危险的。

尽管作业的机械化程度提高，但仍有大量的工作是机器无法替代的。同样是移动作业的大修大队 D08816 队副队长刘伟说，修井的工作强度大，不管在什么样的气候条件下他们都必须连轴转，5 个人三班倒。只要风力不超过 6 级，机器不停，人就不休。

他们的岁月是沉重的。铁家伙分量重，冲量大，这些与铁疙瘩打交道的人，磕磕碰碰在所难免，留下伤疤稀松平常。长期的重复性动作，让他们腰肌劳损严重。昆仑山的美景下，穿着红色工装的石油人负重前行。滴水成冰的冬天，赤日炎炎的夏天，机器在，人就在。

寂寞吗？无聊吗？采油三厂开发室的研究员吴军说，累了的时候，就看看远方。巍巍昆仑山，绵延高原地，是石油“吉卜赛人”最好的抚慰剂。

“最荒凉的地方 / 却有最大的能量 / 最深的地层 / 喷涌最宝贵的溶液 / 最沉默的战士 / 有最坚强的心……”艾青在《克拉玛依》中如此述说。

有人说，高原的油田没有英雄，是的，因为每个人都是英雄。

刘贵义

1986 年 9 月参加工作，现为中国石油集团川庆钻探工程有限公司钻采工程技术研究院石油钻井工，高级技师、集团公司钻井技能专家。

曾先后参与土库曼斯坦奥斯曼 3# 油气井井控应急救援、青海油田狮 58# 油气井井控应急救援；参与油气井井喷预防与控制技术研究及应用等 8 项集团公司科研或技术攻关项目；参与《气相欠平衡钻井现场安全作业流程》等多个安全操作规程的编写与修订；获得气体钻井用岩屑分离方法等两项发明专利，13 项实用新型专利。

钻井一线的“灭火队员”

朱文婕

初夏的四川广汉，已然烈日当头，暑气蒸腾。此时，重重香樟绿荫掩映下的一座简朴的二层白色板房，显得分外幽静和清凉。

很难想象，在这里，有一支在烈焰火海中出生入死的救火队伍，有一个在应急救援中技术精湛的专家工作室，有一位在井控抢险中屡建功勋的技能专家。

这里是中国石油井控应急救援响应中心，油气井井控应急救援技能专家工作室领衔人刘贵义便在这里工作和战斗。

“难道我就不能拿前三名吗”

今年 51 岁的刘贵义出生在泸州市的一个普通家庭，姐弟 4 人都曾在石油行业工作。1986 年，他从四川石油管理局技工学校钻井专业毕业后，成为中国石油四川石油管理局川西南矿区钻井公司的一名普通一线工人。

中国石油川庆钻探公司钻采工程技术研究院的李刚与刘贵义相识 20 余年，曾在一个钻井队共事。“他这个人做事情非常讲究。不仅干工作一丝不苟，而且每天把工作干完后，他还要把工具收好，把场地打扫得干干净净。”李刚说。

从最基础的场地工做起，仅仅 3 年工夫，22 岁的刘贵义就成为当时整个四川石油管理局最年轻的大班司钻之一。而与他同批入职的工友，大多都刚刚成为副司钻，比他差了整整两级。

但这个新晋的大班司钻也遇到了挑战。

这年，刘贵义代表所在钻井队参加了川西南矿区的钻井专业技能竞赛，他面对的都是久经沙场、经验丰富的“老手”。因此，初出茅庐的刘贵义并不被大家看好。

“你如果不是倒数的三名就算成功了。”参赛前，有人这样对他说。

刘贵义个头不高，志气却不低：“我为什么就只能拿倒数的三名，难道我就不能拿前三名吗？”

技能竞赛的结果出来，刘贵义拿了第一名。

有人很惊讶，有人觉得他运气好。

这次刘贵义却没有辩驳。第二年、第三年，他连续3年参赛，每次都是第一名！

大家看他的眼神，也从怀疑逐渐变成了敬佩，还有人去向这个年轻的“三连冠”得主讨教经验。

“我嘛，脑壳灵光。”回忆起这一段，刘贵义摸了摸自己的小平头，常带着笑容的国字脸上笑意更深了几分，一口浓重的四川话带着天然的幽默感，“但最重要是肯学。”

刘贵义的确肯学。第一次拿到技能竞赛第一名后，他不满足于自己总分第一、理论第一、实际操作第三的成绩，额外给自己增加了去矿区机械修理厂学习的“任务”，练习融化焊接与热切割、车工、钳工等方面的实际操作技能。此后两年的比赛里，无论单项还是总分，刘贵义再也没有拿过第一以外的名次。

因为技术过硬，刘贵义被调入矿区钻井公司工程室，主要工作拓展到处理整个矿区所有钻井队遇到的井下复杂事故。哪里的井队有了难题，他和同事就奔赴哪里，一年至少有200多天在外奔波。他们被工人们亲切地称作钻井一线的“灭火队员”。而这个本来只是用以比喻的称呼，却似乎与他之后为之出生入死的事业遥相呼应。

“要牺牲也只牺牲我一个”

2006年，被聘为川庆钻探公司技能专家不久的刘贵义，接到了一个前所未有的挑战。邻国土库曼斯坦的奥斯曼3#井喷失控着火，在用尽了包括坦克炮击在内的所有拆除措施均告无效的情况下，向中国发出了援助请求，川庆钻探公司

选派刘贵义加入灭火救援队伍。

这支队伍是当时整个中国石油最专业的油气井井喷失控抢险救援队伍，其前身是曾在1993年科威特油井灭火中立下赫赫战功的中国灭火队。而刘贵义尽管此前曾多次参与处理各类井下复杂事故，却从未参与过灭火救援工作。

“我当时对抢险作业没得任何概念，脑壳一片空白。”刘贵义说。但领导考虑到他既熟悉设备，又有处理突发和复杂事故的经验，认为他是一个合适的人选。

11月底，刘贵义一行抵达了地处阿姆达利亚盆地东南沙漠腹地的奥斯曼3#井。他们住的是简易的板房，四面透风，睡一觉起来，脸上、被子上全是厚厚一层沙子。有时门都被沙子掩埋住，根本推不开。吃的是羊肉炖土豆，把汤喝完，碗底还沉着一层沙，再发一根黄瓜或者一个番茄，就属于难得的“专家待遇”了。

营房距离施工现场3000米远，但仍然能清晰地听到失控气流发出的震耳欲聋的巨响，板房也随气流产生的震动发生摇晃，大半个天空被火光映红。

然而，跟救火抢险工作的困难和危险相比，生活条件的艰苦只是“毛毛雨”。

奥斯曼3#井是典型的高压、高产、高含硫气井。刘贵义到达时，大火已经烧了一个月，但丝毫没有减弱之势。井喷现场，60多米高的烈焰直冲云霄，井口温度高达2000℃。与此同时，这口井硫化氢浓度超过34500mg/m^3，而人在1500mg/m^3浓度的环境下，就会立即不省人事，几分钟内死亡。因此，必须通过持续燃烧来降低硫化氢气体浓度，减少对作业人员健康的危害。也就是说，灭火队员们必须在井口始终燃烧的情况下，完成险情勘探、清障、切割旧井口、安装新井口的全过程。

全程带火作业，即便对这支有着丰富灭火救援经验的队伍来说，也是头一回。更糟糕的是，井口受到炮击后损毁严重，导致火焰四射、钻井四通与底法兰连接螺栓严重变形，给井喷失控抢险救援作业带来极大困难，想按照常规方式拆除旧井口几乎不可能。

几经讨论，最终定下的方案是，在持续高压水炮的降温掩护下，利用高压水力喷砂切割整个损坏的旧井口，安装新井口，最终实现对失控气井的有效控制。

然而，奥斯曼3#井地处沙漠，水源严重缺乏，供水量远远达不到抢险救援作业需要，第一次切割失败了。在实施第二次带火喷砂切割旧井口成功后，终于只差装上新井口了。

带着火焰的天然气流直冲数十米高，巨大上顶力将沉重的新井口吹得四处晃荡。为此，灭火队采取了先在底法兰下安装加压装置，再通过钢丝绳、工程机械将新井口牵引至指定位置进行固定的方式。

四处喷溅的冷却掩护水被烈焰蒸腾成厚重的水雾，阻挡了工程机械操作手的视线，必须有人在井口附近指挥，才能将新井口准确地牵引至指定位置。

越靠近井口，就越靠近死亡。

刘贵义二话不说，穿着防火服，戴上防火头盔就冲进了火里，站在离井口只有不到3米的位置指挥。他的正面，经受着熊熊烈焰的炙烤；他的背面，则忍受着冰冷刺骨的冷却水的冲击。对此，刘贵义仿佛毫无感觉。他屏气凝神，全神贯注地盯着压井的过程。

气流的尖啸、机器的轰鸣、水炮的声响，种种声音混杂成巨大的声浪充斥在刘贵义的耳朵里。他什么也听不见，只能打着手势，指挥工程机械操作手将新井口缓慢向指定位置靠近。

三寸，两寸，一寸……终于，新井口与底法兰无缝对接。刘贵义和战友快速完成新井口固定，狂喷数十天的火势控制住了！

直到此刻，刘贵义才闻到防火头盔里有股皮肉被烧后的气味，他的脸已被钻进防火头盔的火焰烧伤了。

宋来阳是油气井井控应急救援技能专家工作室的成员之一，也是当年与刘贵义一同参加奥斯曼 3# 井抢险的战友。

“井喷控制住以后，我们把加压用的钢丝绳撤下来一看，直径一寸的钢丝绳被拉扯得只有原来的一半粗细。有人拿脚踩了一下，六股绞成的钢丝绳立刻变成了粉末。切割气流的上顶力实在是太大了。”回忆起当年的场景，宋来阳至今还感到后怕。

“现在想起来真的是蛮惊险，钢丝绳没在新井口吊装过程中断掉，真的好幸运。”刘贵义拍了拍胸口做了个安抚的动作，语气里却充满了四川人特有的乐观从容。生死之间走过一遭的惊心动魄在他口中轻描淡写：“当时都没来得及害怕，需要人指挥，我就上了。这样就算要牺牲也只牺牲我一个。”

“有困难就有机会，有机会才有提高”

由于在奥斯曼 3# 井救援过程中表现出色，刘贵义成为了中国石油油气井井控应急救援响应中心的“兼职”队员。在完成原来日常工作的基础上，还要时刻准备着在出现重大井控险情时“受召出征”。

但刘贵义的“本职工作”却变得不太稳定。技术服务队队长、技术部副部长、装备部副部长、生产作业部部长、专职安全员、安全总监……刘贵义几乎一年就要换一个岗位。每每他刚把一个岗位的工作理顺，把一些遗留的问题解决，新的任命就下来了。

尽管工作调动频繁，但刘贵义仍坚持挤出时间，不断总结经验、改进技巧，并逐渐走上了发明创新的道路。

2012 年，长宁 H6 平台在气相欠平衡钻井作业时，用于破碎岩石的空气锤钎头断落，由于钎头结构特殊，打捞成功率极低。而这一次，断落的钎头有效打捞距离不足 5 厘米，打捞部位还因为空气锤高频冲击发生变形，常规的打捞工具根本无法奏效。过去面对这种情况，只能采取将整个钎头磨碎成铁屑后用气流吹出的方式，这样往往需要耗时好几天，而钻机一天的费用就超过 4 万元。

刘贵义根据现场实际情况，将常规打捞母锥进行改进，先将断落钎头套入、再加适当的钻压，并转动钻具，对断落钎头进行铣、捞作业，仅用一趟钻就将断落的钎头打捞出井，打捞过程不超过一个小时，极大地节省了钻井综合成本。

到目前为止，刘贵义已获得发明专利 2 项、实用新型专利 13 项，累计创造效益 1000 万元以上。

“现在想想，当年领导老是给我换岗位是有远见的。一方面，可以在不同的地方发挥我发现问题、解决问题的能力；另一方面，工作的地方多，遇到的问题就多，培养的能力也更全面。”刘贵义说，“有困难就有机会，有机会才有提高。”他认为，在不同岗位工作的经验，为他之后的发明创新提供了充足的积累。

“不总结，传承就等于零”

2016 年 9 月，刘贵义被调入中国石油井控应急救援响应中心，担任油气井井控应急救援技能专家工作室领衔人。

“我做了 10 年的‘兼职’，终于算是‘转正’了。”刘贵义自我调侃地笑了起来，原本就洪亮的大嗓门又高了一分。

如今的刘贵义，除了带领工作室成员开展日常训练、参与重大井控抢险救援外，把更多的精力用在了总结经验、制定标准、传承技艺上。

“不总结，传承就等于零。”刘贵义十分看重对经验和技巧的总结，并以此要求工作室成员和他的徒弟们。

“我嘛是工人出身，技术上还可以，但不会总结，过去也从来没得这个意识。”工作室成员李红兵说，“他要求我们做了什么事情要及时写总结，教我们怎么收集、整理个人资料和成绩。做了一段时间，确实感觉自己有很大提高。”

2010 年从西南石油大学测控技术与仪器专业毕业的温杰是刘贵义的“徒弟娃儿”。他一直记得关于师傅的一件小事。

一次上井回来，温杰按要求提交了一份气相欠平衡钻井技术报告。刘贵义一眼就看出来，报告中部分的数据与日报不符，于是下班以后单独找他谈话。在温杰记忆里总是亲切随和，“没得个师傅的样子”的刘贵义，这次却非常严肃：“虽然是几个数据的问题，但作为技术人员，在把关上不能有半点马虎。”

目前，刘贵义已培养了 1 名企业级技能专家、12 名专业技术人员、2 名技师。

刘贵义不仅无私地将多年积累的经验和技能知识传授给新人，充分发挥传帮带作用，还将这些宝贵经验高度浓缩，提炼成操作规程、技术规范。“等起了火再救，那国家财产已经受到了损失。”他说，“要是大家日常工作中都能牢记‘只有规定动作，没有自选动作’，就可以从根源上减少事故发生。”

目前，刘贵义已参与修订了 4 个中石油标准和 12 个川庆钻探公司标准，组织编制了 25 个厂（处）级设备安全操作规程。

中国石油井控应急救援响应中心安全总监杨令瑞表示：“目前，井喷失控抢险救援核心区域逐渐向智能化和无人化方向发展。刘贵义长期从事现场救援工作，是了解现场需求的第一人，也是检验科研成果应用的第一人。”

“刘贵义把工人的事做到了极致。”钻采工程技术研究院副院长韩烈祥这样评价。

油气喷涌，烈焰翻腾。正是无数如刘贵义一般的石油人数十年如一日的钻研、舍生忘死的大义、天长日久的锤炼，才造就了这满怀赤诚的丹心，铸成了这钢铁意志的队伍。烈焰如歌，唱不尽他们的赴汤蹈火英雄无畏；热浪如诗，颂不完他们的豪情壮志丹心无悔。

张勇

1993 年 11 月参加工作，现为中国石油集团渤海钻探工程有限公司职工教育培训中心培训师，高级技师、集团公司钻井技能专家。

2004 年远赴委内瑞拉钻井现场工作 7 年，解决了多项钻井现场生产难题，为企业节约生产成本 60 多万美元。所带竞赛选手有 72 人在中国石油各类大赛中取得金、银、铜奖。编制完成中国石油钻井井控应急培训考核企业标准，编写两套 5000 余道试题的集团公司井控题库，参编的 5 册专业书籍出版。获得发明专利 1 项，实用新型专利 3 项。

曾荣获全国技术能手、全国青年岗位能手、中国石油十大杰出青年、天津市优秀党员等 16 项省部级及以上荣誉。作为石油工人代表，2008 年被选为北京奥运会火炬手参与了火炬传递活动。

“钻”出人生精彩

白　阳

2018年5月10日，记者走进中国石油渤海钻探职工教育培训中心，这里正在举办中国石油天然气集团公司第一期井控分级定点培训班。来自中国石油油气田企业、工程技术服务企业的井控主管领导及相关部门负责人、井控专家、高级工程技术监督等80人参加培训。培训教师正是此次采访的主人公张勇。

个头不高，并非钻工常见的黝黑面庞，是记者初见张勇的第一印象。已经工作25年的他，对于自己的工作经历如数家珍。一路走来，他认为，简单的事情，重复做，就是行家；重复的事情，用心做，就是赢家。正是在这样的人生信条中，他从一名石油钻井一线的操作工人，成长为站在讲台上进行井控技术授课的教师。这一切，是用心，而非运气，让他脚踏实地的努力得到了回报。

不怕苦　苦尽甘来

作为石油工人的后代，子承父业，张勇1993年走上钻井一线钻工岗位。张勇对石油钻井工人的认识都是从父亲身上获得的，那就是工作很脏很累，经常不回家。尽管这种印象从小就深深地刻在了他的脑海里，但是他还是心甘情愿地进入钻井队，成为了一名能够战狂风、斗严寒的石油钻井工人。

上班第一天，张勇走进荒郊野外的钻井现场时，一种孤独感和无助感油然而生。上班前，被母亲照顾得无微不至，衣来伸手、饭来张口的日子突然变成一切只能依靠自己，再想想以后要在孤零零的井架旁干着打钳子、扶刹把、铲砂子、扛石粉、搞卫生等这些琐碎、枯燥的小事情，他顿时心生波澜。“越是艰苦的地方越可以锻炼人的意志，只要爱岗敬业，脚踏实地地做好每一件事情，就能在平凡的岗位上做出不凡的成绩。”回想起父亲对他说的话，他又释然了。

初到钻井一线，刚刚走出校门的张勇对于设备使用、工作流程等非常陌生。“为了尽快熟悉钻井施工的各道工序，我制定了‘三当’‘三过硬’目标，即疑难问题当场弄懂，操作问题当天学会，现场问题当班处理；做到理论过硬、技能过硬、操作过硬。”张勇说。工作时，他对照井场设备一遍遍地记，按照工艺流程一步

步地学，不明白的地方就向老师傅、技术员请教，直到弄懂为止。一个月后，张勇步入工作正轨。泥浆经常喷一身，累得吃饭时手都拿不住筷子，成为他日常工作的写照。“我从来没有向父母抱怨过，我觉得别人可以做到的，我同样也可以，甚至要比别人干得更出色。”张勇说。

正是这种不服输的劲头，让张勇在工作中从未停下学习的脚步。上班时，遇到不明白的操作技术，他就勤问多思考；遇到解决不了的难题，他就虚心请教。下班后，为了尽快弥补自己专业知识的欠缺，他向技术员借《石油工程》《钻井工艺技术》等专业书籍来读，认真做笔记，将这些知识点熟记于心。

日积月累的沉淀，让他“井喷”了一次。在 2002 年全国石油石化行业职业技能竞赛石油钻井工技术比赛中，张勇在来自全国 20 个油田的 121 名参赛选手中脱颖而出，获得石油钻井工第二名。这一“喷”，也让默默无闻的大港油田“喷”出了名。当年，他被评为全国技术能手。

其实，这次“井喷”不是偶然的。他从 1997 年在钻井分公司举办的技术比赛中获得钳工第一名，到 2000 年和 2002 年在大港油田青工技术节钻井工技术比武中蝉联第一名，一次次的胜利既提高了他的自信心，又丰富了他的经验储备。

不怕烦　化繁为简

张勇意识到作为新时期的钻井工人，要想适应形势的发展需要，就必须提高自己的综合素质，成为一专多能的复合型人才。通过自学和参加培训，张勇不仅拿到了石油工程专业的大专文凭，还进一步提升了自己的专业技能。这一切也为随后的外派工作做足了准备。

2004 年，张勇被派驻到委内瑞拉，成为从事钻井现场设备管理的机械师。他刚到不久，施工现场的钻机更换了辅助刹车，用水冷却盘式刹车替换原来配套的电磁刹车，但更换后的辅助刹车却与钻机的主刹车产生性能不匹配的问题。因为操作不便，导致委内瑞拉当地雇员在操作钻机时多次发生险情，险些造成事故。委内瑞拉当地的机械师几天都没有找到解决问题的办法。随后，委内瑞拉现场负责人提出限期整改的要求，解决不好故障就不能开工。

“当时在委内瑞拉野外进行钻井作业，现场没有网络和电话，一时也无法得到国内的技术支持。考虑到每耽搁一天，就会给我们国家造成 4 万多美元的损失，我主动上前，利用半天时间研究钻机和辅助刹车的图纸，观察现场钻机主辅刹车存在的问题，反复琢磨问题的核心节点，通过推理判断，发现通过改造钻机的控制气路，就可以解决操作中出现的问题。”他说。很快，他的改造方法不仅有效解除了钻机操作中存在的隐患，还提高了钻机刹车系统的安全性和便利性，委内瑞拉当地的机械师服气地给张勇竖起了大拇指。这次化险为夷，他认为是以前积累的经验帮了大忙，他在不经意间产生了灵感。

作为机械师，他需要经常面对钻井设备发生的各种意外。有一次，钻井队搬到新区块进行钻井施工。这个区块井控风险很高，为了保障井控安全，甲方要求

节流管汇控制箱上的记录仪记录三台泥浆泵的泵冲。而现场配备的是从美国进口的节控箱，它上面的记录仪只能记录两台泥浆泵的泵冲数据。满足要求的记录仪在当地买不到，要从美国订货，到货大概需要一个月左右的时间。张勇权衡利弊后，主动出击。爱琢磨的他趁现场还没有施工，就拆下节控箱上的记录仪和泥浆泵上的传感器，拿回营房拆开认真研究了一番，很快就明白了记录仪的线路及工作原理。于是，张勇决定在记录仪上添加一个切换开关，通过开关的切换，就可以让节控箱记录仪显示任意一台泥浆泵的泵冲。

一个小小的革新，就解决了昂贵的进口仪表存在的不足。回忆当时的情景，张勇说:“我用小工具解决了大问题,其实只要用心去做,复杂的事情就会变简单。”

不怕累　硕果累累

2011 年，张勇回国后担任渤海钻探职工教育培训中心的教师。岗位的变化，最初让他很兴奋，兴奋之余，压力也随之出现。“在这个新环境中，我要跟学徒工一样，从头学起。对于课件的制作、授课的方法和培训的技巧，我一点都不会，只能一点一滴慢慢来。”张勇回忆说。

当上培训教师后,张勇如履薄冰,每一次备课和上课,他都会认认真真地完成。但凡第二天有课，即使是已经很熟悉的内容，他也会在前一天晚上认真备课到很晚。在上课过程中，为了让学员更好地理解吃透他所讲的内容，张勇会在讲解中穿插自己的现场工作经验，通过举例子的方式，把专业知识讲得通俗易懂，便于学员快速理解并消化。

这些努力没有白费，他很快成长为一名合格的员工培训教师。

2011 年，张勇作为教练同时也是参赛选手，在中国石油井控教师业务技能竞赛中获得钻井井控教师第一名，荣获金奖；他所带的另一名徒弟，荣获银奖。

2012 年，张勇作为主教练，培训的学员在中国石油优秀队长选树活动中，取得团体第二名的好成绩，12 名学员获得“优秀队长”荣誉称号。

2013 年，张勇作为主教练，培训的学员在中国石油钻井工和钻井井控班组职业技能竞赛中，获得了 9 枚金牌、9 枚银牌、3 枚铜牌，包揽了石油钻井工和钻井井控班组两个项目的团体第一名。

张勇靠韧劲和执着赢得各级领导高度认可。在承担大赛教练和各类重点培训任务的同时，许多与井控相关的集团公司重点培训教研项目也安排他主持实施。他先后编写了集团公司企业标准“钻井井控应急培训与考核规范”、集团公司井控培训矩阵、集团公司钻井井控题库、集团公司井下作业井控题库、《钻井相关专业井控培训教材》等，为钻探一线解决了诸多实际问题。

同事也把他的用心看在了眼里。“有一次，张老师带领我们编写一套上万道题的上机题库，要求大家尽量不要出现错误。他以身作则，认真研究每一道题，常常为了一道题查阅各种资料，不厌其烦，就连标点符号都要保证正确。”教学研究室的同事崔国娟说，“试题出完后，还要与计算机考试系统的编码格式匹配，多一个空格，都不能传到考试系统中。于是，他又一道题一道题地检查，等到提交时，上万道题没有一个错误。他这种踏实做事的态度让我很敬佩，也很感动。”

他的同事杨晓亮对于张勇精益求精的态度有着相同的看法。“张老师从讲课方式到实训教学，再到教学研究，总是把每件事情做到极致。做到极致后，就会创新，循环往复，不断进步。所以，他从基层一线钻工的岗位走到培训教师的岗位，我一点也不意外。”杨晓亮说。

采访结束后，记者在渤海钻探职工教育培训中心的一面墙上，看到一行字：特别能吃苦，特别能忍耐，特别能担当，特别能奉献。这用来形容张勇再合适不过，既是他在当石油钻井工人时的工作写照，又是他在解决技术难题时的本领展现，还是他在授业解惑时的精神底色。

赵奇峰

1993 年参加工作，现为中国石油辽河油田分公司欢喜岭采油厂采油工，高级技师、集团公司技能专家、国家级技能大师工作室领衔人。

曾荣获全国技术能手、全国五一劳动奖章、首届中国十大杰出青年技师、辽宁省功勋高技能人才、最美辽宁工人、首批辽宁工匠、全国能源化学地质系统大国工匠等称号，享受国务院政府特殊津贴。

攀登技能的奇峰峻岭

赵　聪　赵泽众

技术能手露峥嵘

每个人都有最初的梦想。随着中国石油辽河油田矿区建设不断扩大，一部电影《创业》，让赵奇峰成为石油工人的梦想渐渐清晰。从那时起，他就决心要踏入油田，梦想成为石油人中的一员。

1993 年从技校毕业，赵奇峰被分配到欢喜岭采油厂二大队工作。当时辽河油田是全国有名的“油老三”，欢喜岭采油厂也到处都是热火朝天的会战场面。

可没想到第一天上班，第一次穿上崭新的工服，赵奇峰就出糗了。当时他取样的阀门不太灵活，没控制好，结果喷了自己满身油。他那身新工服就这样被“秒杀”了。赵奇峰十分心疼。站上的人看见他就笑，眼神好像在说：小样儿，挨喷了吧。当时赵奇峰觉得很难堪，突然觉得书本理论和实际工作不一样，觉得自己还是缺乏经验、缺少技术，和其他工人差得很远。他下定决心，要么不干，要么干好。那会儿，同来的同学有空就聚聚会、喝点小酒，他却把时间花在了学习、请教和琢磨油井上。

为掌握采油站管线流程走向，他几乎每天都顺着板房和地面的夹空钻进去，一根根管线摸索，再一笔笔画下来。大夏天的，满头、满脸都是蜘蛛网，脖子、后背被管线上的玻璃丝刺得又疼又痒，红肿一片，好几天都下不去。站上工人还不理解："这小子没事干啥呢？天天钻来钻去的，弄得自己灰头土脸的！"他把站上的专业书捧回家里，一页页啃、一本本看，一看就到后半夜一两点。那一年，他一共记了有两大箱、30多万字的学习笔记，到现在也没舍得扔。

有一回早上巡井，加热炉点不着火，报修后维修工人说下午来修，赵奇峰就合计自己先试试。他怕拆完装不上，就把卸下的零件按顺序一件件摆好，清清灰之后又给安上了。赵奇峰当时不知道队长在后边儿看了他很久，队长突然来一句："你点一下试试！"吓得他一激灵，结果还真点着了。上班第一年年底，厂里新工人摸底测试，赵奇峰取得了采油工理论和实际操作的双料冠军，他凭着优异的表现当上了站长。就这样，从刚上班喷满身油到成为二大队最年轻的站长，他仅仅用了5个月时间。

1997年，赵奇峰首次参加辽河油田技能大赛，以第一名的成绩获得了采油技术状元称号。从那以后，他在多项技术竞赛中问鼎，2002年还被评为全国技术能手。有人对他说："奇峰你作为采油工，拿了这么多奖项，已经到顶了，给别人留点机会吧。"他说："其实，这些奖项对我来说，有着非凡的意义，意味着只要努力，每个人都能做最好的采油工。"

技能专家磨砺出

赵奇峰没有满足于当一名技术型工人，他为自己定了更高的目标，那就是成为一名破解生产难题的专家型人才。

2006年，欢喜岭采油厂采油作业五区成立，赵奇峰担任生产组代理组长。刚接手生产组工作时，整个区有将近200吨的输差无法落实。之前查了两个月没找到原因，他感到问题十分严重。于是他逐口井落实产量、逐个站跟踪调查，过了一个星期，还是一头雾水。

"没查出问题，可输差还在那儿明晃晃地摆着。"他心想，自己已经尽到了责任，把问题上交吗？如果是那样，那这个组长当得太丢人了。

赵奇峰经过一番思考，调整了思路，把怀疑的目光投向了两台刚刚投产不久的高科技产品"电子自动量油系统"。的确，是机器软件运算出了问题，200吨输差的原因浮出水面。赵奇峰请来厂家技术人员根据实际情况调整了系统软件，设备这才正常工作起来。根据这个情况，赵奇峰向上级有关部门打了个报告，提

出了制定和落实对计量设备定期校验的制度。“200 吨输差”这件事不仅促使采油厂形成了一套新的校验制度，为后续工作提供经验，还体现出赵奇峰精益求精、一丝不苟的敬业精神。

2008 年，赵奇峰所在的欢 127 稠油区块随着长时间开采和多轮次蒸汽吞吐，地下情况日趋复杂，“水患”“沙害”“气窜”等问题日益突出，区块年产油由初期的 14.5 万吨下降到 7.8 万吨。

稠油生产靠注汽降黏驱替，而且每一轮注汽都比上一个周期增加 5% 的量。初期效果还不错，到了中期越来越不灵了。再到后来，注进去的汽，干脆“泥牛入海”，含水剧增，却没见到驱出多少油。当时大队长在会上说了一句话，让赵奇峰记忆犹新：“老一辈石油工作者的岗位在地下，斗争对象是油层。”他觉得，采油工就应该这样——管着地上的井，想着地下的油。

赵奇峰下定决心，要找出注汽低效的原因。经过多次巡井和参数比对，他发现：两口井的注汽周期不在一个波次上，这是一直影响大家分析的障碍；通过数据对比和反向分析，只要向 6# 井注汽，7# 井也会跟着气窜，反之亦然，这一表象充分说明它俩在地下是关联的。基于这样的分析，赵奇峰提出，将这两口井组合到一起，降低注气量，一同注汽的方案。

说实话，要把尚在生产周期中、有一定产量的井半道停下来，对谁来说都是冒险，不成功更会影响产量。这时候赵奇峰很坚定，跟队长、大队长立下了“军令状”。方案实施后，注汽量降低了、产油量增加了，组合注汽收到了预期效果。后来，很多注汽井都采用了这种方法，形成了“组合注汽防窜法”。

之后，赵奇峰研发的单向流油嘴及配套设施，可有效防止地面集油管线产出液回流，年创效 2000 万元以上。他先后发表指导性论文 20 多篇，《实施企业标准、提高热洗质量，促进老区块持续稳定发展》荣获第三届全国理论创新优秀成果一等奖。2006 年 5 月，赵奇峰被聘为集团公司技能专家；2007 年，被评为首届中国十大杰出青年技师。

辽河创客显风采

2010 年，赵奇峰担任油田公司技能专家创新工作室负责人。他主导了蒸汽驱配套技术——分层汽驱工艺的试验及实施全程，其效果显著，累计增油 20 余万吨。其中，《油田化学技术在老油田“双高期”高效开采中的应用》获得辽宁省科技进步一等奖；《水平井长效隔热注汽工艺技术研究》获得辽宁省科技进步二等奖；《中深层超稠油地面工艺技术研究与应用》获集团公司科技进步一等奖。

齐 40 块蒸汽驱作为国家重点试验项目，由于开发方式的特殊性，伴生气多、污水量大等一系列制约开发效果的难题逐一显现。其中，硫化氢是蒸汽驱开采中产生的伴生气体，污染环境且严重危害职工健康，是一个令国内外专家和技术人员都头疼的问题。赵奇峰作为一名岗位工人，常年直接接触油井。他总是最先闻到井里排出的臭鸡蛋气味的刺激性气体，浓度高的时候，还会感到头晕、恶心。为此，他查阅大量资料，多渠道了解脱硫信息，不分昼夜地开展分析、研究和试验，找寻治理办法。再加上常年巡井，赵奇峰慢慢摸透了所管井区的井筒情况与气量状况，先后尝试了不同规模的现场试验 33 次、工艺改造 8 次，历时 5 年，成功改进脱硫剂配方，彻底掌握了齐 40 块干法脱硫的关键数据。

根据赵奇峰的技术方案，辽河油田集中建立了 8 个干法脱硫点，脱硫后天然气硫化氢含量达到国际排放标准。硫化氢治理成功，得到了领导和技术专家的高度肯定，他们一致认为该措施对资源型企业安全环保生产及保护生态环境有着十分重要的意义。

针对老油田油层含砂量大、油井易砂卡的现状，赵奇峰开发了电流产量自动分析软件，通过绘制每口井的电流——产量曲线图，来寻找油井出砂规律，应用后可有效预防砂卡，延长生产周期，降低生产成本，被命名为“电流防砂法”。他还在实践中总结出“链状管理法”“油井管理七法”等管理妙招，实施后使一大批躺倒井“起死回生”，累计增产原油 6 万吨，创效 1800 万元。

他带领团队通过低成本利旧加工制成的隔热管密封节取出器，取出率 100%，极大缩短了维修周期，提高了隔热管利用率，获得全国能源化学地质系统百优职工创新成果奖。研发高效调整抽油机平衡专用工具，解决了调平衡工序复杂、费用高等问题，提高工效 70%。这样的创新，在赵奇峰身上还有很多，他用自己的钻研和坚韧展示了新时代辽河“创客”的风采。

金牌教练续荣光

因为有着多年一线工作经验和多次技能大赛经历，2010 年 7 月，赵奇峰被聘为辽河油田参加技能大赛选手的教练和领队，带领辽河油田采油工参加在长庆油田举行的集团公司职业技能竞赛。

7 月的银川天气非常热，大家每天都在集训场地的钢板上训练。被太阳晒过的钢板至少有四五十摄氏度，人站在上面不动，汗水都会“啪嗒啪嗒”连着往下掉。每个选手练一次需要十多分钟，指导三十多名队员都来一遍，就要大半天。旁人都跟赵奇峰说：“你给指点指点就行，去个凉快地方歇会儿。”他却说：“我得打样儿，只要我一直站在这里，选手们就没有一点偷懒的理由。”

赵奇峰每天都靠六七罐盐水补充着水分和体力，脸上、脖子的皮肤晒爆了好几层。训练期间，他的腹部还不时地隐隐作痛，也都是咬咬牙挺过去了。比赛期间，他每天凌晨四点起床，替选手整理好比赛器具，白天紧盯现场把握赛事进程，及时调整选手心态和临场应对方法，晚上回到住处还要撰写赛事总结和现场分析报告，一天只能睡 3 个小时。

当选手们满怀喜悦之情准备返程时，由于劳累过度，赵奇峰的慢性阑尾炎发作了，腹痛就是前兆。当时中秋将至，他没有告诉大家他的病情，怕会影响团队行程。从银川到盘锦的 8 小时行程，对他来说是如此漫长。下腹的疼痛，剧烈难忍，在飞机上他汗如雨下，身上的衣服都湿透了。到盘锦后赵奇峰直接被送进了手术室，主治医生狠狠地斥责了他：“这马上要穿孔，太危险了。8 小时的行程，差点让你丧命！”

辽河油田是以稠油、高凝油为主，兼顾稀油油藏的混合型油田，但国内大部分采油教材都较为单一，涉及稠油的更少。为此，他想把自己多年的经验技巧整合到一起，出一本适合稠油的指导教材。

他挨个区块调研，广泛收集资料，废寝忘食地编写书稿，在电脑前一坐就到后半夜两三点。那段日子因长时间高强度对着电脑写作，造成他颈椎三节错位，椎管狭窄。现在他一坐时间长就会头晕、手麻，很难受。赵奇峰说：“我一不图名、二不为利，还遭着罪，但我觉得一本书的作用肯定比赵奇峰作用大。”

95 万字的《油水井分析入门与提高》由石油工业出版社出版，在辽河开创了岗位工人出书的先河，一举解决了国内复杂油藏分析油水井无专业指导书的难题，获辽宁省自然科学学术成果二等奖。2012 年，由他亲自撰写和操作演示的《采油工操作技能视频教程》出版，已列为中国石油采油系统必备培训教材；2014 年，《操作岗位员工培训教材——采油工》，获中国石油和化学工业优秀出版物奖二等奖。

作为业内的专家、名匠，除了传播知识，赵奇峰更加注重高精尖技艺技能的传承，以便更好地服务工人和企业、造福国家和社会。2015 年，赵奇峰被聘为中国石油大学（北京）、西南石油大学兼职教授，至今累计带徒 300 余人，教学 400 余课时，他帮带出的技师、工程师、管理干部等就达 120 余人，培养出中央企业、辽宁省、集团公司技术能手 24 名。徒弟柳转阳获全国技术能手、全国五一劳动奖章，并和师傅赵奇峰一同被评为首批辽宁工匠；徒弟夏洪刚还代表中国工人参加“一带一路”上合组织大国工匠绝招绝技展示。赵奇峰名副其实地成为了石油行业公认的“第一名师”。

刘丽

1993 年参加工作，现为中国石油大庆油田有限责任公司第二采油厂采油工，高级技师、黑龙江省首席技师、黑龙江省大工匠、集团公司技能专家，享受国务院政府特殊津贴。

研制创新成果获奖 135 项，获国家专利 20 项、油田公司级重大技术革新及创新成果奖 35 项，出版专业技术书籍 18 册，发表论文 10 篇，编写培训教材 38 套。

曾荣获大庆油田杰出员工、功勋员工，黑龙江省五一劳动奖章、龙江工匠、铁人式职工，全国五一巾帼标兵、全国五一劳动奖章等荣誉称号。

采油工界的创新能手

武　唯　李彦秋

刘丽是个大个子，一米七多的身形在红色工装的衬托下，显得是那么英武干练。嗯，这就是石油工人的经典形象。但是一开口，声音细腻温柔，逻辑思维缜密，说到工作时，本子上刷刷几笔，就能将问题演示得清楚透彻；说到儿女情长时，又透出些许腼腆。

因为爱岗敬业，刻苦钻研，23 岁刘丽就从全国采油工技术大赛中脱颖而出，是首届中国石油天然气总公司技术能手；35 岁成为中国石油大庆油田最年轻的集团公司技能专家；42 岁获得全国五一劳动奖章、享受国务院政府特殊津贴。135 项成果获奖、20 项获国家专利，这些无不展示着她的学霸风范。

采油工的初心　她是韧性与洞察力的综合体

刘丽的上班地点在大庆油田的老标杆——采油 48 队。在人人奋进的环境下，她成长很快，在技术创新的道路上一步一个脚印，越走越远。

28 岁，刘丽在全国技能大赛中荣获第三名，被破格晋级为技师。她认为“技师的职责是解决生产中遇到的实际难题”“别人有问题解决不了就应该找你，别人干不了的工作也应该由你担当”，这是刘丽对技师的理解。她是这么理解的，也是这么做事的。

工作之初，刘丽会想方设法把活儿干得巧一点、快一点、好一点。2001 年，岗位调整到洗井工的刘丽要负责全队 50 多口水井。当时洗井的工具又多又笨重，不便携带、操作繁琐。为了省劲，她不断钻研，把撬杠、管钳、扳手和螺丝刀等合为一体，制造了一件轻便实用的洗井专用组合工具。这让她尝到了创新的甜头。这个简化工具让刘丽感受到了创造的快乐。这个小甜头也让刘丽对技术革新有了信心。回到采油工岗位上，刘丽的创新实践一发不可收。

上下可调式盘根盒是刘丽的一个重要创新。2002 年前后，在大庆油田大面积投产聚驱抽油机井期间，抽油机光杆腐蚀严重导致漏油现象出现。这需要频繁更换盘根，正常情况是安装 5 个，多的时候能够达到 7 个。加盘根是采油工最常干的也是最磨工夫的工作，不论春夏秋冬，一干就要 40 多分钟。

为了简化工作，刘丽开阔思路："要是盘根能自己出来就好了。"她开始着手研制"上下可调式盘根盒"。刘丽的点子多，但机械改造需要技巧，她遂向丈夫杜守刚求助。杜守刚也是解决生产难题的一把好手，夫妇俩有着石油伉俪的美称。经过试验，夫妻俩改变盘根盒结构，通过旋转增加的付套，使盘根一个个自动旋转出来。

模型安装在非生产井，开始效果很好，但没过两天，又出现了漏油现象。刘丽没有就此放弃。"创新工作更多考验的是人的韧劲。"刘丽感慨地说。

问题排查出来了，是螺纹密封垫圈的密封性不好。成功就在眼前，但密封的问题并不是那么容易解决。那段日子里，石油伉俪一起查找资料、设计图纸，天天往返于现场和车间，最终发现了尼龙填料圈材料，问题终于解决了。上下可调式盘根盒不仅将原先盘根的使用寿命由 3 至 6 个月延长到 1 年，而且更换操作的时间也由 40 分钟缩短到 10 分钟。

10 多年过去了，上下可调式盘根盒仍被业界认为是创新的经典案例。

参与技术创新才能体现技能人才的价值。一些人认为创新点不容易找，但刘丽认为，工作中只要留心，处处都能发现创新点。

铁质或 PVC 材质的"L"形护管，虽然起到保护螺杆泵电缆的作用，但也带来了如接口处磨损电缆外皮、电机移动不便、护管低温易碎裂、室外易老化等问题。护管的这些常见病，在刘丽看来就是一个创新点。

为了解决这一问题，刘丽先后尝试了几十种方案，最后一套设计方案实验效

果很好，但在准备批量生产时才发现，由于每个井的高度不一样，设计尺寸无法适应所有的井口。无法标准化生产并推广使用就意味着创新失败了。

刘丽的嘴上火疱起了一层又一层，吃饭的时候像着了魔似的拿着筷子比画来比画去。家人说她："工作把人都弄傻了。"爱人实在看不下去了遂带她钓鱼散心。

念念不忘，必有回响。没想到鱼竿给了她灵感。受鱼竿结构启发，刘丽创造的套装管结构完美地解决了护管长度调节的问题，不仅增强了安全系数，还降低了劳动强度，也节省了材料费用。"螺杆泵井多功能电缆护管"就这样面世了。

为了解决生产运行中的各类"疑难杂症"，刘丽一直坚守在油田一线，用双脚丈量岗位的每一寸土地，用双手打造创新的每一件产品。不忘初心的她不断前行，从技师、高级技师成长为企业技能专家，再成长为集团公司技能专家。她说：“关注生活中的点滴，敞开自己自然能融会贯通。”

学霸的遗憾　造就严苛教练

刘丽是个学霸。第一、冠军等是她人生的常态。

20 世纪 90 年代初，从小就是学霸的刘丽受省劳模父亲的影响，报考了技校。学习期间，刘丽就以学生的身份参加技术大赛，冠军的称号让她毕业后直接被聘为五级工（一般毕业的人是四级工）。毕业成绩全校第一，让她可以在大庆油田自己挑选工作岗位和工作单位。

在采油 48 队刘丽先后从事过采油工、维修工、洗井工、集输工等，干遍了采油队的所有岗位。随着社会发展，她慢慢意识到，没有上大学可能是她的终身遗憾。好在她一直没有放弃学习。1995 年，她以全市第二名的成绩考上了职工大学，算是了却了一个心愿。

刘丽人生的第二大遗憾是失去了当全国冠军的机会。

1993 年参加工作后，刘丽很快成长为技术能手，从 1994 年到 1995 年每次参加厂级比赛，总是冠军得主。到了 1997 年，厂里决定推选她参加全国技术大赛。

这场比赛在刘丽的人生中浓墨重彩，结果却充满酸涩，成为她职业生涯里最大的遗憾，却也是大庆油田最苛刻教练员的最佳注脚。让她抱憾终身的不是成绩，而是比赛中的失误。尽管已经过去 20 年，当说到失误二字尽管强忍着所有的不甘，刘丽仍然控制不了语气的波动。

“理论成绩是第二名，制图成绩是第二名。如果不出意外，冠军应该不成问题。”但，经验不足带来了失误。差错来自管路组装项目。“因为平常练习的时候，所用的管件都是标准件，计算尺寸很规范，但此次比赛，现场提供的管件有的是非标准化的，在尺寸计算上就要靠经验。”而工作 4 年不到的刘丽缺的就是经验。结果管路没有闭合，“失误很大。”刘丽几近哽咽。尽管如此，她仍然获得了全国大赛的第三名。

吞下这个失误，刘丽蛰伏了 5 年，也是卧薪尝胆的 5 年。2002 年，刘丽想把遗憾补回来，但来自组委会的消息让她彻底断了念想：曾经在全国大赛获得过前十名的选手不能再次参加全国赛事。“我再也没有翻身的机会了！”

那次失误对刘丽以后的职业生涯影响非常大。当不了选手就去当教练，为了不让学生重蹈覆辙，她成了大庆油田严厉到苛刻的教练。不让自己的遗憾重演，这是刘丽当教练最根本的要求。

自从担任教练以后，刘丽投入了极大的精力。为了提高学员在比赛中应对意外情况的应变能力，她准备了大量的学习内容。“我不会因为学员辛苦，让训练标准有弹性。”为了建立公正合理的比赛秩序，刘丽多次参与竞赛规则的设定。“我很清楚比赛整套程序中哪些环节容易有人情分、哪些环节存在作弊的可能。我力争通过竞赛规则将这些可能性全部挤干了，竞赛的成绩是实实在在的，没有任何水分。”

教练刘丽对工作没有任何商量的余地。包括工具摆放，都要求学员必须做到井然有序。“如果不注意小节，一个细微的失误就会毁了整个大赛。”“东西乱放会扰乱你的心智，影响到比赛质量。”

正是因为有了公正公平的比赛规则，学员们才能够将精力全部放在苦练技术上。因为严厉，学员们怕她；因为苛刻，学员们的成绩就有了保证。但是在生活上，这位苛刻教练却是位暖心的姐姐，学员很愿意亲近她。她给学员们洗工服，为他们做各种好吃的。

在她的苛刻训练下，她培训的选手在各类大赛中，均取得不俗成绩。

女专家的责任　让创新形成研产用闭环

一枝独秀，不如百花竞艳。

2011 年，刘丽工作室成立了。她有了一个实现梦想的舞台，开启了创新创造创效大联盟。

为了给更多的员工提供展示平台，切实打造一个企业技术人才的“孵化器”、创新创效的“高新区”，2014 年，大庆油田又成立以刘丽创新工作室为“主创”的技师之家。从那一刻起，刘丽带领着涵盖 13 个工种的 11 个分会、500 多名能工巧匠，在创新创造创效的道路上一路狂奔。

对于带团队，刘丽有一套理论。她说，工作室不应把眼光只放在每一个个体上，既要强强联手，更要以强带弱，组建攻关小组，实现团队成员的共同成长。在这样的理念下，2015 年至 2016 年，她的团队中先后有 55 人获得技术能手称号。

这是一个良性循环，人员素质与解决的生产实际问题呈现双增长态势，工作室从成立至今，已经实现了 600 多项创新，专注力也越来越强。

团队创新最具代表性的当属机采井运行状态指示装置。装置设计的起因来自实际需求。机采井 24 小时工作不停歇，白天工作人员可以很好地监控运行状态，但是到了晚上，夜巡工很难看到抽油机是否在正常运转。解决问题的思路不难，在抽油机上安装指示灯不就行了吗？但是指示灯需要电，引用控制箱内的电源后期维护问题很多。如何解决电源问题，工作室团队协作的优势充分体现了出来。“因为有了工作室，团队中有机械分会、电力分会，这些分会的技师集体商量后，很

快制定了解决方案：采用太阳能蓄电池。”当抽油机、电泵井与螺杆泵井等机采井都安装上了指示灯后，采油井的运行检测难题解决了。

3 年来，技师之家不断发力，征集合理化建议、会诊生产难题，将厂内近千项革新成果进行落实、改进、归类，建立机械加工基地，开辟了包含 10 口不同机型抽油机井的两处革新成果示范区，有效地促进了革新成果转化，为群众性创新创效工作注入了新的生机。

一人创新做不强，形成团队才能更高效地解决问题，实现技术创新。这样的研产用一体化机制，形成了创新的循环。

刘丽说，幸福都是奋斗出来的。继续奋斗，人生才会一直这样幸福下去。

张有兴

1994年参加工作，现为中国石油大庆油田有限责任公司第一采油厂采油工，高级技师、集团公司采油技能专家、国家级技能大师工作室领衔人。曾先后从事井下作业、采油维修、电焊等工作。

先后获发明专利1项，实用新型专利19项，国家级创新成果奖2项，油田公司重大技术革新成果奖29项，厂科研成果奖6项，发表论文7篇，编著书籍6部，油田公司级合理化建议奖10项，省、市油田公司管理现代化创新成果奖各1项。

曾获油田公司优秀共产党员、杰出员工、集团公司优秀教练员、省青年岗位能手、龙江技术能手等荣誉称号。

石油名匠

SHIYOU MINGJIANG

如琢如磨 有匠兴焉

李欢乐

“张哥还没有走，他又在琢磨什么新玩意儿了。一会儿别忘了从食堂给他带点饭。”在中国石油大庆油田第一采油厂四矿中十八队，这已经成了大家多年来习以为常的一件事。

大家口中的张哥，叫张有兴，是一名在生产一线奋战了 20 多年的采油工。“张哥好琢磨，遇到问题找张哥，他总能给你琢磨出解决方法。”凡是与张有兴接触过的人，都会有这种感受。

《诗经》有云：“有匪君子，如切如磋，如琢如磨。”在张有兴的身上，能看到这位“君子”的影子。多年来，张有兴凭着自己切磋琢磨的劲头，从一名普通采油工成长为中国石油集团公司的技能专家，展示出了新时代“石油名匠”的风采。

一定要有知识、有文化

张有兴祖籍山东，他的爷爷因为能识文断字，在村里很受尊重。张有兴说：“小时候，爷爷经常对我说，长大了一定要有知识、有文化。这句话我一直记着。”初中毕业后，张有兴选择了上技校，立志做一名知识型、技能型的石油工人。

张有兴在技校学的是采油专业，成为一名优秀的采油工是他的梦想。但 1994 年毕业时，因为工作需要，他被分配到了作业队。专业不对口，自己所学的知识、技能多数用不上，怎么办？“重新学呗！”张有兴给自己鼓劲。此后，他在作业队跟着师傅学，回到家中跟着书本自学。就这样，没过多久，张有兴就能够独当一面，还考取了多个工种的操作证。

在作业队工作 8 年后，张有兴转岗到了采油队，担任维修班班长。“刚到没多久，队里的焊工退休了。因暂时没有人员补充，我又开始学焊工。经过一个月的苦练，我顺利通过技术考核，并获得了焊工资格证书。”张有兴说，一次次的“错位”逼迫着他成了一名全能型的工人。

“多，还需精。”张有兴深知这一点的重要性。回到采油工岗位后，他在采油知识和技能方面痛下功夫。

打开张有兴的电脑，里面有很多精美的制图，这些都是他用 CAD 绘图软件和 3D 制图软件绘成的。“师傅的制图，大学里计算机专业的老师都不一定能做得出来！”张有兴的徒弟、毕业于东北石油大学的李静雅感叹。

滴水穿石非一日之功。张有兴的制图能达到这样的水准，是数年如一日努力付出的结果。“几年前，我意识到，计算机制图是采油工未来必须掌握的知识和技能，可当时自己的计算机基础几乎为零，更别说使用软件绘图了。我四处求教，但没有人能教我。我硬着头皮找到了东北石油大学机械系的老师，说想旁听，但老师说怕影响正常教学秩序，拒绝了我。无奈之下，我溜进课堂偷听，多次被发现并被‘请’了出去。后来，我还是厚着脸皮去蹭课，老师实在没办法，也就不管了。”回忆起当年的窘事，张有兴有点不好意思。

“偷”到知识后，张有兴开始了苦练。多少个夜晚，整栋办公楼里就他一个人，在电脑前面一点一点地练习制图。如今，他已经熟练地掌握了 3D 制图软件，绘制出不少复杂零部件的图纸。另外，他还担任厂里的培训讲师，培训了大量能用该软件制图的人才。

各种学习笔记记了一本又一本，生产中的难题攻克了一个又一个，日积月累，张有兴逐渐成长为一名有知识技能、有文化修为，且一专多能的采油技能专家。

会干活儿更要干好活儿

近几年，张有兴参加了一些有关创新的学习交流活动。有一次，一名工人问他，在他看来，创新的关键是什么。张有兴思索了一下回答：“关键在于你打算

在一个岗位上干多久。”

这样的回答，似乎有点答非所问，但张有兴有自己的逻辑。“如果你打算在一个岗位上干一辈子，你就会去琢磨怎样才能不断改进、把活干得更好，这样创新自然而然就产生了。如果你想着在一个岗位上不会干太久，满足于会干、不出差错，那就很难有所创新。”张有兴解释。

这也是张有兴自己的经验之谈。最早到作业队工作时，他抱着要干一辈子作业工的想法。后来转岗到了采油队，他仍是以干一辈子的态度对待新的工作。

转岗到采油队后不久，张有兴发现，抽油机调平衡特别费劲。每次调平衡，大家都用撬棍一点一点地撬动重达 1 吨半的平衡块，调一次要用半个小时。“长期这样下去，费时费力还耽误生产，得想办法解决。”张有兴心里开始琢磨。此后，他每次上井回来就泡在工具间。没过多久，有一次上井时，张有兴带上了一件奇怪的工具。这件工具是个简易的摇杆，调平衡时将其卡在平衡块上，借助这个新玩意儿，他仅用了十几分钟就把平衡块调整到位了。后来，这个工具被命名为“快速调平衡组合工具”，在全厂推广。这是张有兴的第一项创新成果。“当时，得了证书，还有600元的奖金。更重要的是，这件事让我对创新有了新的认识。”张有兴说。

“伟大的发明创造是创新，针对生产或生活中的不足之处进行一些微小但实用的改进也是创新。”这是张有兴在一次创新分享中提到的观点。如何让大家能

够更省时省力地把工作干好，为单位节约成本，提高生产效率，是张有兴这么多年来一直琢磨的问题。

有一次，张有兴发现计量间分离器出现内部管线穿孔问题。这个问题大家都很头疼，根据以往的做法，就是等着整个计量间报废、更新。“因一个小小的穿孔就要报废设备，实在太浪费了。”痛惜之余，张有兴开始了琢磨。

他按设备上的标牌找到分离器的生产厂家，希望能看到图纸。但厂家以技术保密为由，回绝了他。无奈之下，他找到一个暂时不量油的计量间，打开分离器，钻进不到 80 厘米高的罐体。因为里面直不起腰来，他要始终半蹲着，腰酸腿麻了就出来活动活动。这样反复了十几次，他终于掌握了分离器的结构原理。在此基础上，他改进了分离器的外部流程，绕开穿孔部位，从而避免计量间报废，节约重建费用近百万元。与此同时，他还制作出分离卧罐、立罐冲沙工具，解决了分离器堵塞问题。

多年来，喜欢琢磨的张有兴，有不少非常实用的创新。他研制出的“法兰支撑器”，让单次更换法兰垫片的时间缩减了 20 分钟，单次减少损失 700 元；他研制出的“更换抽油机井毛辫子组合工具”，让原本需要 3 个人耗时 1 个小时才能完成的工作,改进为只需两个人、20 分钟便可完成,产生了 60 万元的经济效益……

“干一行，爱一行，精一行。”20 多年来，张有兴笃信并力行这一信条，完成技术革新成果 60 余项，获得了全国工人先锋号、龙江技术能手、油田公司杰出员工、油田公司青年岗位能手、油田公司优秀共产党员、厂优秀技术革新工作者、厂青年稳产先锋等多项荣誉称号。

做个有温度的好师傅

师傅带徒弟，是大庆油田人才培养实践中的优良传统。随着自己的经验、技能不断提高，张有兴意识到，带好徒弟是自己的一项重要职责。

在徒弟李静雅的眼中，张有兴是位有温度的师傅。“师傅的脾气特别好。我刚到采油队时，很多工作都不会做，只要问师傅，哪怕再简单的问题，他都会耐心地给我讲解。遇到生产中的难题，他总是在旁边鼓励、引导我自己先尝试着去解决，实在解决不了了，他才出手。”李静雅说。

有一次，李静雅在洗井时发现一个问题。“洗一次井，需要放 3 车水。一车水放完了，要把闸门关上，换下一辆车。这中间的一关一启，费时费力，影响洗井质量。能不能想个办法让洗井不间断地完成？”李静雅问张有兴。

张有兴让李静雅自己先想办法。李静雅尝试了多个方案，均不奏效。有一天，张有兴带来了一个自己做的分流装置。分流装置可让水井同时连上两辆罐车。一辆车放满了，将中间连接阀门关上的同时，打开另一辆车的连接阀门……就这样反复操作，连续洗井的问题解决了。在张有兴悉心地传、帮、带之下，李静雅工作一年后就成长为一名技术员。

“创新难，当个好师傅更难。”张有兴说，“能成为师傅，要担得起厂里对你的器重和徒弟对你的信任。”张有兴也有师傅——有“工人发明家”“技术 120”之誉的任相财。像任相财那样做个有温度的好师傅，是张有兴追求的目标。

张有兴是在 2004 年参加技能大赛时认识任相财的。“师傅不仅技术好，干工作也拼。”张有兴笑着说。几次交往后，任相财发现张有兴喜欢琢磨，与自己志趣相投，便经常与他谈一些技术革新方面的想法，还带他去看了自己的“宝库”——一个装满了他 30 多年间在工作中的各种小发明的房间。2011 年，任相财工作室成立，张有兴成为工作室的骨干力量。几年间，在师傅的带领下，张有兴与工作室成员共同完成技术革新成果推广 45 项，开展技术革新攻关 256 项，解决职工代表提案等重大生产疑难问题 86 项，累计创效 4800 余万元。

任相财传授给张有兴的不只是技能，还有带徒之道。“6 年前的一次活动，让我们工作室成为一厂的焦点。”张有兴回忆。当时，大庆市工会、油田工会举办“咱们工人有绝活儿”活动。“那次活动允许选手使用自制工具，张有兴与工作室成员组成一厂的教练团队，带领参赛选手训练，一起改进工具，大幅提高了操作效率。最后，我们厂里包揽了前三名，取得一厂历年来最好的参赛成绩。”张有兴说。

工作室良好的传、帮、带机制及人才培养氛围，使得不少从这里走出的年轻人，很快就能成为各自岗位上的骨干力量。而张有兴在带徒弟方面，可谓硕果累累。近年来，他先后带徒弟 20 多名，其中，3 人成长为高级技师，5 人成长为技师，7 人被聘为技术干部。在一厂组织的师带徒评比活动中，张有兴和他的徒弟连续 5 年获得“金牌师徒”的称号。

除了工作室内的培训，张有兴也用自己的知识技能影响到了更多的人。他编写了油田公司“职工创新大讲堂”“铁人大讲堂”“技术创新大讲堂”及厂青工创新培训班等培训课件，完成8场“铁人大讲堂”现场授课，300余人次听讲。

“任师傅精湛的技艺、丰富的经验及过硬的工作能力对我影响很大。今年，任师傅退休返聘期到了。以前是任师傅带着工作室前进，如今，工作室交到了我的手中。我要接好这一棒。”张有兴说。

杨海波

1994 年参加工作，现为中国石油大庆油田有限责任公司第四采油厂采油工，高级技师、集团公司采油技能专家、国家技能大师工作室领衔人。

扎根生产一线，把成为学习型、技能型、创新型产业工人作为人生追求，获得各项成果奖励 60 余项，取得国家实用新型专利 12 项，发表论文 8 篇。编撰培训教材 16 部，培养技术能手、高技能人才 300 多人。

曾获集团公司特等劳动模范、全国五一巾帼奖章、全国五一劳动奖章、全国劳动模范等荣誉。

石油名匠

SHIYOU MINGJIANG

不忘初心　当个好工人

李欢乐

“7 月 6 日，‘杏北职工微课堂’网络直播‘平衡块为啥松’”“7 月 13 日，直播‘抽油机减速箱故障及处理’”“7 月 15 日，中石化中原油田前来交流”……翻开杨海波工作室的工作计划簿，各种学习、培训、交流活动安排得紧凑有序。

杨海波工作室是中国石油大庆油田的一个技术攻关、技能培训团队，现有的 30 名成员皆是从一线工人中成长起来的技师、专家。团队的灵魂人物，便是大家眼中的“传奇”——杨海波。

杨海波的履历，确实让人惊叹：她 21 岁获得全国青年岗位技能运动会第十名，26 岁被破格聘为采油技师，30 岁被聘为采油高级技师，33 岁成为大庆油田最年轻的采油技能专家，36 岁成为中国石油集团公司的采油技能专家。她荣誉等身：大庆油田功勋员工、集团公司特等劳动模范、黑龙江省五一巾帼标兵、全国妇女创先争优先进个人、全国五一巾帼奖章获得者、全国五一劳动奖章获得者、全国劳动模范……

如今的杨海波，已经是一位“石油名匠”。但她始终没有忘记自己的初心——当个好工人。这是她 20 多年前的出发点，也是她的终极追求目标。

匠心　在磨砺中成长

1976年，杨海波出生于一个油田工人家庭。她的父亲是一名采油工，母亲因先天性心脏病无法上班。“母亲很坚强，尽管一直忍受着身体上的病痛，但她的脸上从来都挂着笑容。她总是对我说，做人要凭自己的努力安身立命。”杨海波回忆，“父亲常年就是忙。无论是在滴水成冰的冬天，还是能听得到狼叫的深夜，该巡井或是井上有任何需要，父亲扛起管钳就出门了……”

这样的家庭环境，让杨海波从小学会了自律、自立、自强。从小学到中学，她的学习成绩一直是家人的骄傲。“我要考上全市最好的高中——铁人中学，然后上大学。”这是她小时候的梦想。

然而，初中毕业时，杨海波的逐梦之路出现了偏差。当时，母亲要做手术，家里的条件不足以让她读高中、上大学。如果选择技校，她便可以早点为父母分忧解愁。

杨海波最终选择了上技校。这个决定让坚强的母亲眼泪流尽得了干眼症，也让一直将她视为学习榜样的弟弟因不解而对她失望至极。

自己做出的选择，就一定要坚持下去，并把它做到最好。进入技校后的杨海波，理论课及实践课的成绩三年中皆名列前茅。1994年技校毕业时，她通过层层考核，成为了为数不多的五级工之一。

“毕业时，我可以优先选择单位。想到在北十一队工作将来有上职工大学的机会，我就选择了到北十一队当采油工。”当时，杨海波依然梦想着有朝一日能上大学。

上班前的一天晚上，当了一辈子采油工的父亲对她语重心长地说：“现在油田发展多好啊！能当个采油工，是件让人自豪的事儿！家里没别的指望，就想让你踏踏实实地当个好工人！”

怎样才算是好工人？无非就是尽职尽责，干好自己的本职工作呗——这是刚上班时的杨海波对“好工人”的模糊理解。但不久后发生的一次事故让她认识到，当个合格的采油工，并不是一件容易的事。

有一天凌晨两点多钟，在中转站值班的杨海波发现输油泵盘根出现滋油。当时，100多口井的油都在往中转站输送，这里一出故障，油只进不出，中转站又有电、有火，不赶紧修好，后果不堪设想。她找到问题所在，加了几次盘根，但都没有

成功，泄漏的油越来越多。无奈之下，她打电话向站长求救。站长来了，三下五除二就把故障给排除了。

“站长没有责备我，但我还是没有忍住眼泪。并不复杂的工作，自己怎么就做不好？”杨海波感到很羞愧。

责任心很重要，但责任心不是解决问题的根本。杨海波逐渐清晰地认识到，要让自己心安，必须能胜任工作、有过硬的技能，这是对一个合格工人最起码的要求。

匠艺　在淬炼中精进

滋油事件过后，杨海波开始利用一切机会“疯狂”学习。当时，中转站里凡是有文字、图片的资料，她皆烂熟于心。有一次，她无意间得到一本教材《采油工》，这让她如获至宝。她每天把书本放在带饭的背包里，得空就拿出来学习。几个月下来，她对书中的内容几乎达到了倒背如流的地步。

杨海波深知，书本知识必须与工作实践结合起来。为此，她不放过任何与老工人们“亲密接触”的机会。维修班师傅来了，她就守在旁边，认真观摩学习，遇到不懂的地方一遍又一遍地问。有一次，为了了解加热炉的内部结构，趁着停炉检修，她钻进了罐体。

在离杨海波家不远的一条井排路上，遍布着各种型号的抽油机井。为了更好掌握抽油机的结构和工艺流程，有一段时间，她每个周末都拿着书本来到这里，对照实物一点点地学习。因为看得仔细，七八公里的路她每次都要走上 3 个小时。

技能比赛，是检验和提高技能水平的重要方式。从上班后的第二年开始，杨海波开始积极参加各类技能比赛。“为比赛做准备的过程很艰苦，但咬牙挺过了，就会发现自己原来有这么大的潜能。”杨海波说，技能大赛中流过的每一滴汗水，都是成长中的宝贵养分。

给抽油机换皮带是比赛中的“规定动作”，这曾让杨海波吃尽了苦头。大型抽油机的皮带轮距离地面有两米多高，一组皮带的重量达五六十斤。更换时，要把旧皮带从高处取下，把新皮带扛上平台，装好。这个过程，身强力壮的男工人都不容易顺利完成，对于身体单薄还恐高的杨海波而言，难度可想而知。

看到自己的短板，要强的杨海波开始了“魔鬼训练”。每天下班后，她一个人来到训练场，一遍又一遍地练习更换皮带。皮带把肩膀磨破了，渗出的血水、汗水把皮肤和衣服粘在了一起，动作幅度稍大，皮肤与衣服剥离，撕裂的伤口，火辣辣地疼；因为恐高，上下平台双腿僵硬，难免磕磕碰碰，她的身上到处是淤青……就这样，肩上的痂结了一层又一层，手上的茧变得越来越厚，杨海波换皮

带的操作日益精熟。在最后的比赛中，她更换皮带的单项成绩获得第一名。不只是换皮带，杨海波将这种钻劲、干劲、拼劲用在了各个技术环节。一分耕耘，一分收获。1996 年，在厂里举行的采油工技能竞赛中，年仅 20 岁的杨海波获得第一名的好成绩；1997 年，杨海波代表大庆油田参加全国青年岗位能手技能运动会，作为年龄最小的选手，她获得了第十名的成绩；1999 年，杨海波参加黑龙江省的技能大赛，取得了第三名的好成绩……

杨海波在北十一队的中转站倒了 10 年的夜班。其间，她在生产实践中磨练，在技能比赛中提升，技能精进，离好工人的目标又近了一步。

匠魂　在创新中弘扬

"提升技能不能只是自己将现有的技能练得更熟练，更应该通过创新给企业带来效益、给工作带来改进。"33 岁便成为技能专家的杨海波逐渐认识到，创新是一名好工人应该追求的更高标准。

有一次，杨海波无意中听到一位同事抱怨："聚驱的井太费皮带了，三天两头就得换一次！"2008 年初，三元复合驱作为一门新兴的技术在杨海波所在采油队进入现场推广阶段，由于三元复合驱抽油机井负荷大，皮带耗损严重，仅 2008 年那一年的皮带消耗费用就高达 43.67 万元。

“过日子呀，省钱就等于挣钱。皮带用得这么费，等于烧钱啊！太让人心疼了！”针对这个生产管理难题，杨海波看在眼里、急在心里。于是她和队里的 5 名技师成立了技术攻关小组，跟这费钱的皮带较上了劲。

没有管理经验可借鉴，他们一边现场调查、分析原因，一边查阅书籍、进行计算，最终筛查出了皮带轮配型不合理、部分皮带轮包角小等问题，并及时进行了修整。在不断有新井投产的情况下，这项创新使全队全年皮带消耗由 1053 组下降到 596 组，仅此一项就节约材料费用 24 万多元。此后，这项创新成果在全厂三元驱采油队推广，每年节约费用 100 多万元。

不知不觉间，杨海波在技能创新之路上已经走了很远。多年来，研发各类成果 60 项，取得国家实用新型专利 12 项，发表论文 8 篇，提合理化建议 20 条。

从 2012 年至今，杨海波工作室的建设、运行，是杨海波日常工作的重心所在。

“创新，不只是技能上的自我超越。带动更多的人提升自我，是对创新更高层面的要求。油田的杰出工人层出不穷，里面有一脉相承的传统。我走过的路，没有特殊之处。我希望通过工作室的培训、带动，让更多工人走上追求卓越之路。”谈及工作室创立的初衷，杨海波如是说。

工作机制的改进、创新，难度不比技术创新小。工作室中的培训师都是由生产一线的技术骨干兼任，他们日常生产工作繁忙，很难分身，加上岗位多、工人们的技能水平参差不齐，培训工作面临的阻力很大。为此，杨海波走访、调研了 100 多个岗位，根据不同岗位、不同层次员工群体的培训需求，提出了“5+4”差异化培训法，实现了因人施教、因需施教。

兴趣是最好的老师，如何让职工对枯燥的技能学习感兴趣，难度非常大。面对这种情况，2013 年，杨海波萌生了一个念头：把一些游戏融入培训，让大家能轻松快乐地学习。隔行如隔山，让这样的想法落地并不容易。杨海波带领着工作室的成员，克服重重困难，历时 3 年自主研发出了“采油队员工自助学习系统”。这个系统集自主学习、自助考试和自我评价三大功能于一体，信息量大、趣味性足，让职工能轻松快乐地学习知识、技能。

智能手机兴起后，杨海波又有了新的想法：研发一款 App，给一线工人们提供一个全天候、全方位的技能培训平台。她四处求教，方案前前后后修改了 200 多遍，经过两年多的试验、改进，集模拟考试、比赛模式、强化练习等 6 项功能于一体的“海波题库通”App终于推出了。有了这款App，工人们在乘坐通勤车、排队就餐等间隙就可以随时随地学习。如今,“海波题库通”已经走出了大庆油田，石油系统数万工人从中受益。

在杨海波的带领下，工作室的各项工作风生水起。6年来，他们培训员工6482人次，培养出技术能手223人、高技能人才105人，取得革新成果116项，编写培训教材16部、标准化多媒体教材60多套。杨海波工作室成了大庆油田技能人才成长的摇篮和技术创新、攻坚克难的载体。

“凭自己的努力安身立命”“当一个好工人”，20多年来，杨海波出色地完成了父母的嘱托。“静下心想想，一个人的心性修炼、技能提升是没有止境的，这就决定了‘好工人’也是没有止境的。未来，还要守着自己的初心，在‘当一个好工人’之路上继续向前。”杨海波说。

张军

1991年参加工作，现为中国石油新疆油田分公司陆梁油田作业区采油工，高级技师、集团公司采油技能专家。

从事采油一线工作27年，近年进行技术革新39项，自主研发了34项专利技术，其中2项发明专利，每年产生130余万元直接或间接经济效益，总计超过800万元。

曾获陆梁油田开发建设标兵、感动陆梁岗位明星、克拉玛依市及新疆油田培训工作先进个人、优秀共产党员、克拉玛依市劳动模范、集团公司劳动模范等荣誉。

守望绿洲

祝振强　尹　杰　窦　蓉

2018 年 6 月末的一天。清晨，在中国石油新疆油田分公司陆梁油田作业区的生活基地，集团公司技能专家张军早早地起床，洗漱完毕，就来到院子里晨练。

这一天，他要完成的工作有很多：他已经约了几名徒弟一起吃早饭，要趁着吃早饭的时间给上午参加技师评聘工作的几名徒弟鼓气加油。之后，他要驾车到 30 公里外的一处油井查验。下午，他要到同样在几十公里外的一处新油井查验。回来后，要参加作业区的一个党员表彰会。晚饭后，还要参加作业区举行的“迎七一爱国歌曲大家唱”小合唱比赛。

满满当当的一天，在张军看来，却很是平常。也可以说，这是张军和他所在的石南采油站的几十名作业工人，乃至整个作业区的几百名作业工人日常工作、生活的真实写照。

陆梁油田是新世纪我国陆地发现的第一个亿吨级整装沙漠油田，2001 年初正式开发建设。迄今为止，张军已在这个位于准噶尔盆地北部古尔班通古特沙漠腹地的油田工作、生活了整整 15 个年头。张军所在的石南采油站，是陆梁油田作业区的三个采油站之一。每天奔波在几十平方公里范围内的 600 多口油井间进行检查、维护，之后就是在不足一平方公里的生活区休息、生活，张军和他的众多工友们，早已习惯了这样的工作生活方式与节奏。

爱岗敬业　自学成才

今年 45 岁的张军，自 1991 年从克拉玛依技工学校毕业来到油田，一直从事采油一线工作。近 30 年的历练，使他从一个普通的技校毕业生、青工，成长为中国石油技能专家、获得 34 项专利的发明家。可以说，张军成长的轨迹，既是他个人不断进步、不断跃升的不平凡的成长史，也是千万名石油工人不断进取、奋斗的生动写照。

去过油田作业区的人都知道，油田工作环境单调、乏味，尤其是戈壁、沙漠油田环境恶劣——茫茫无际的戈壁、沙漠，看不到人迹，下班后就在极小的生活区里休息。不要说能有丰富的文化娱乐生活，就连基本的人际交往，也局限在工友之间。因此很多年以来，加入石油工人的行列，要过的第一关就是如何对待工作、如何在工作中提升自我以及如何打发工作后的时间、丰富自己的业余生活。对此，张军的方法很简单——学习、不间断地学习，钻研、深入地钻研，让自己的生活丰富、充实，让自己的人生之路越走越远。

张军的学习不是空对空、只注重书本及理论，而是结合实际问题，学以致用，活学活用，做到了实操与理论相结合、提升工作效能与技术理论创新并进。

石南采油站使用的水套炉，一直存在设计缺陷，具体来说，就是加水困难且存在安全隐患。另外，现场取样后样品不便携带，也困扰了采油站员工很长时间。张军决心通过自己的努力，彻底解决这两个问题。为此，他查阅了大量资料，并在工作现场反复试验。经过无数次尝试、无数次失败以及无数次技术改进，张军提出了“水套炉高架水罐加水接头”和“便携式车载取样筐”两项技改措施，一举解决了这两个难题。

在油田，阀池是采油现场集油干线、单井流程切换的作业场所，分布广泛。工作中，在进行应急流程切换时，需要人员进入阀池操作，有不少安全隐患。为杜绝此类现象，张军设计研制出了简易可靠的阀池闸门专用开关工具。有了这个工具，操作员工站在地面上，就能便捷地控制阀池中的阀门，再不用进入危险的阀池作业，彻底消除了安全隐患。

2008 年，由张军牵头、石南采油站成立了“创新创效活动小组”，立足岗位开展隐患排查和技术创新工作。迄今为止，活动小组已经进行了几十项小改小革，

提出了多条合理化建议，取得了几十项自主知识产权成果。其中，“减少抽油光杆上部断脱故障率”，避免了光杆断脱后落入井筒造成的油气泄漏事故，当年即产生效益数十万元。“油气混输泵掺液流程改造”项目使油气混输泵定子更换周期由 48 天延长至 105 天，每年减少各类费用 60 余万元。

近 30 年的工作中，张军无数次及时、合理地解决了生产中的突发事件，避免了重大事故的发生。

采油工人的日常工作，就是确保抽油机的正常运转以及集油管线泵、注水管网不出问题。而一旦出了问题，要能准确、及时地找到集油、注水管线的破漏点。冬季的沙漠，夜间的气温低至 -30℃，若不能及时解决问题，还会酿出大祸。为此，张军编制、完善了采油站《应急预案》，在全站进行推广，极大提高了员工的应急处理能力。

最近几年，张军总结出各类技术成果和绝招绝活儿几十项。这些成果提高了各类设施、设备安全性能，每年产生 130 余万元的直接或间接经济效益，现已累计超过 800 万元。

师徒传帮带　薪火要传承

几年前，初夏的一天，张军带领一名青工驱车到混输泵站检查设备运行情况。当车子行驶到一路旁的油井时，他敏锐地感觉到，油井的抽油机传出的声音不对劲，他立刻停下车子。抽油机的电机声很大。他扫了一眼抽油机，马上对青工说："可能是抽油杆断脱了。"他一边说，一边疾步来到井场。他伸出手，轻触光杆，光杆火烫。他又弯下腰，耳朵贴近井口倾听，此刻，已经听不到出油的汩汩流淌声。张军掏出电话，询问中控室这口油井最近一次的计量值，答复是"零"。他赶紧给相关负责人打电话，要求立刻关停这口油井。修井过程中发现，果不其然，是这口油井的抽油杆断脱。与张军一起去油井的青工心生感慨，他暗下决心，今后要苦练技艺，成为张军师傅这样的人。

对张军佩服有加，以他为标杆、楷模的人，如今，在石南采油站，在陆梁作业区，已不是几个人、几十个人，而是一群人。甚或说，整个青工群体，都把张军当作他们心目中的偶像。苦练技艺、奋进成才之风，已经在陆梁油田这个沙漠绿洲上，蔚然成风。

多年来，尽管油田的工作、生活环境有了翻天覆地的变化，油田工人的业余文化娱乐生活已今非昔比，但是，对于一拨又一拨的青年工人而言，面临的困难与不适、心理及情绪问题可谓大同小异。简单说，工作之初，都要面临单调、枯燥的工作以及相对乏味的业余生活对心理的冲击，面临未来人生以及自我职业生涯设计的困惑。

张军亲历了这样一个过程，战胜了这些困难，他要把自己的人生经历、工作经验以及对于职业生涯的理解，毫无保留地传授给年轻人，使他们能振奋精神、扎根平凡岗位并做出不凡的工作成绩。为此，他把培训年轻工人，作为自己的一项工作重点、一项重要使命，多年努力，从无间断。

张军制定了“岗前——岗位——专题”三步走的培训计划，以考促学，大幅提高了现场员工的操作技能。

2007年，陆梁油田招收了一批青工。这些青工基本上都是大学本科毕业，学习的专业却和油田不是很搭。他们原本雄心勃勃，指望在所学专业上一展宏图，怎奈采油工的工作，让他们感到有劲没处使。加之油田生活区周遭几百里都是茫茫荒漠，青工们下班后不是打牌，就是看电视，再不就是蒙头睡觉，空掷宝贵的青春年华。于是，张军把这些年轻人招呼起来，组织他们利用业余时间学习专业知识、参加技能竞赛。每周，他都会有三四次，每次几个小时给青工授课。他手把手地教，不厌其烦地讲。久而久之，张军感化影响了这些年轻人。

作为一名80后，今年30多岁的姚经宇在张军的熏陶影响下，言谈举止、为人处世已然是一名“老派人”。姚经宇的父亲，是克拉玛依一位小有名气的发明家。大学毕业后从事机械加工工作的姚经宇，也尝试着进行发明创造，获得了多项专利。2007年，进入油田工作的姚经宇，多次打报告要求调到张军手下工作。后来，他终于如愿以偿，成为张军的“入门弟子”。姚经宇底子好、肯钻研，有发明创造的灵性和动力。不出几年时间，他便成为油田的技术骨干，独撑一摊，单挑大梁。

有一阵子，姚经宇对于如何调教自己的一拨徒弟颇为犯难，失去了耐心，也因此影响了自己的情绪。一次，他在朋友圈发了几条有关禅、佛以及“放下方心安”的文章，引起了张军的注意。张军把姚经宇叫来，严肃地说:“为人要有耐心，当师傅更要有耐心。你想想，你当徒弟的时候犯错误，我是怎么对待你的？你对自己的徒弟，也应该这样做。”一番话，让姚经宇醍醐灌顶。

张军的另一名弟子杨鹏平素有些散漫，为此没少挨张军的批评。杨鹏说:“‘严师出高徒’，这话不假。我虽然不是‘高徒’，但师傅确是‘严师’。以前，师傅踢过我好几次屁股。他不光是严，对我们还充满了爱。闲暇时光，他会和家人叫上我一家人，一起聚餐、游玩。在两个家庭面前，我哪里还敢松懈……”

2006年至今，张军培养的30多名徒弟先后在各级技能竞赛中获奖。2012年至2016年，在油田公司第七届至第九届职业技能竞赛中，他带领选手连续三届获油田公司采油工种团体优胜奖，打破了采油大赛团体优胜奖“事不过三”的魔咒。

张军带领石南采油站的一班青工，连续三届荣获厂级技能竞赛团体优胜奖。他培养的 10 多名徒弟在厂处级和油田公司级技能竞赛中获奖，其中，4 人参加了全国石油行业技能比赛，6 人获陆梁油田作业区技术能手，3 人获油田公司级技术能手，6 人被聘为技师。张军所在的石南采油站操作员工队伍，由成立之初的只有一名高级技师和一名技师、80% 为初级工，一跃成为目前的拥有 3 名高级技师、6 名技师，且 80% 为高级工的高技能团队。

舍小家顾大家　倾心事业专注工作

两年前，油田规定，达到一定工作年限的一线采油工，可以申请调离沙漠油田，回到距离克拉玛依较近的工作地工作。张军在沙漠中的工作年限已经远远超过规定年限，但由于他是油田技术骨干，油田离不开他，他就一直留在沙漠油田。张军说："这没什么，在沙漠中工作了这么多年，早已练就了一副结实的身板和一颗顽强的心。篮球、乒乓球、瑜伽，每天雷打不动地坚持锻炼，身体不会出问题；有那么多技术难题还有待攻下，'沙漠综合征'与我无缘。这么多年，我唯一愧疚的，就是对家人、孩子的照顾太少。尤其是对孩子，错过了他的最重要的成长期，无从弥补……"

2003 年，儿子一岁时，张军来到沙漠油田工作。自此，他和家人聚少离多，根本就谈不上陪伴、教育儿子。2013 年前，张军每年在野外的工作时间都达到 260 天以上。前几年，儿子很叛逆，对张军这个"不尽职"的父亲渐生不满。之后的一段时间里，他每周都要给儿子写一封长信，邮寄到儿子的手中。在信中，他谈人生、谈家庭、谈一个男人的成长，甚至谈到生老病死……

其实，人到中年，张军面临的，还不仅是教育孩子的问题，对老人不能全然尽孝，也令他总是觉得愧疚。

张军的家在克拉玛依，他的工作地沙漠油田离家有 200 多公里。他的父母、岳父母更是分别居住在几百公里外。

东南西北四个不同的方向，几百上千公里的距离，张军就是这样不停地奔波着，为了工作，为了事业，为了家庭，为了亲情……

采访结束这天，适逢张军回家休假，他与记者乘车同行离开沙漠。车至茫茫沙漠中的一处地方，张军急喊停车，他要带记者到不远处的一处红柳林，欣赏沙漠红柳美景。张军说，在沙漠中工作、生活了这么多年，最喜欢这美丽的红柳林，高低起伏，一望无际，红透了大地，红透了半边天……

此时，记者方明白，支撑张军走到今天的，是他对人生、对生活、对包括沙漠在内的自然万物的由衷热爱。

肉孜麦麦提·巴克

1994 年 9 月参加工作，现为中国石油新疆油田公司重油开发公司采油工，高级技师、集团公司采油技能专家。

从事采油工作 24 年，在班组管理和技能培训工作中有突出成绩。获得实用新型专利 4 项。连续 3 次带领团队获得新疆油田公司采油工种团体第一名，培养了多名采油技能人才，所带领的班组取得中石油铁人先锋号等多项荣誉。

曾荣获集团公司特等劳模、全国优秀共产党员、全国劳动模范、全国技术能手、全国民族团结模范个人、全国十大最美职工等荣誉称号。

沙漠红柳别样红

祝振强　尹　杰

这几年，在克拉玛依、新疆乃至在北京、在全国，一个维吾尔族青年的面庞逐渐为更多的人所熟悉，他就是肉孜麦麦提·巴克。

在北京的人民大会堂，在新疆南北，在全国各地的企业单位、大专院校、科研院所、农村、军营，他以自己的亲身经历，宣讲如何以知识改变命运，宣讲自己如何从不会说一句汉语一变而为顺利考过中国汉语水平考试八级，从一个不会上网、不会发帖子的门外汉成为建立起自己网站的网络达人，从一个青年技工成长为一名中国石油集团公司的技能专家、知识型现代产业技能工人的楷模……

仅仅用了 11 年时间，肉孜麦麦提·巴克不仅拿到了两个大专文凭和一个本科文凭，还在各类技术比武中屡屡折桂；工作 10 余年后，30 岁成为新疆油田公司的技能专家；31 岁被评为全国青年技术能手；又过了两年，他成为集团公司第一位维吾尔族技能专家……

三重身份演绎石油人生

“戴上花帽，我是维吾尔族青年；穿上工服，我是石油工人；带上党徽，我是共产党员。”

这是巴克在每一次演讲中，都要提及的一句话。这句简单的话语，这件平常的事情，对于巴克来说，却并不轻松。

巴克 1976 年出生于新疆和田地区和田县霸格旗卡斯皮村，父亲是当地一所小学的教师，母亲在家务农。一大家子人只能靠父亲的几十元工资以及家里的 5 亩地为生。

人常说，穷人的孩子早当家。巴克从小就深知生活的不易，从小就懂得学习的重要性。他如海绵吸水一样刻苦学习，渴望能走出乡村，改变自己和家人的命运。

1991 年，15 岁的巴克如愿考入克拉玛依技工学校学习。3 年后毕业，他被分配到位于克拉玛依市区的中国石油新疆油田公司重油开发公司。

巴克从上小学、中学直至技校，都是在维吾尔语环境中学习，汉语只是作为一门选修课。他认识不少汉字，可一直只能说有限的几句汉语，还都是磕磕绊绊。而今，留在了城市生活，分配在了油田工作，汉语不过关，莫说在工作中干出成绩，就连基本的生活、与同事进行起码的交流，都很难很难……入职第一天，师傅跟新来的员工谈话。师傅让他坐下，他听不懂，就一动不动地站着。师傅问他在家里排行老几，听前一个工友说自己排行“老二”，他就说，我“老一”……引来大家的一片笑声。

汉语这一关，必须要过。巴克暗下决心。

巴克的师傅送他一本《新华字典》，他如获至宝，每天背诵生词，读句子，后来逐渐发展到背诵大段的文章、整篇的文章。巴克学习汉语简直像是着了魔，他走路背诵，吃饭背诵，在单身宿舍一个人不停地背诵，直到熄灯……终于，他能用流利的汉语与同事交流、用汉语进行工作了。

2002 年，参加工作 9 年的巴克已经是一名熟练的技术工人，这一年，他首次参加了技能比赛，怎奈，却由于计算机考试不过关而被刷了下来。巴克意识到，计算机是他工作中的第二只“拦路虎”，他必须战胜它、打败它，否则，他无从跃上人生、工作的更高一级台阶。有了此前苦学汉语的经历，巴克信心满满。200 多个字根，他很快就熟记于心。此后，只要一看到汉字，他就想到怎么拆解，甚至在梦里，他还想着怎么拆解复杂的字根……

从汉语过关到初识计算机，年轻的巴克可谓过关斩将，站上了通向人生辉煌、迈向技能高点的风口。

2005年7月1日，巴克光荣入党。他终于可以自豪地说，我是一名合格的石油工人，我是一名共产党员……

苦练本领　情衷技改创新

巴克的成长之路，鲜花背后是荆棘，坦途之下是泥泞。他的过去、现在及未来，写满了积极、乐观与不懈奋斗。

巴克所在的重油公司共有50余个班组，管理着7000余口油井，其中常年运行的有4500余口。巴克所在的班组一线采油工有10余人，管理着近200口油井，其日常工作就是确保抽油机的正常运行，每天要做的就是更换抽油机上的密封器

与皮带。

还真别小看了这份简单的工作，它考验的是人的耐心、耐性与是否认真的工作态度。换密封器，不只是换下旧的、换上新的，还要看哪一个部位磨损得厉害，进而要查看光杆是否有磨损物。换得不好的话，一个月就要换新的；换得好的话，能坚持好几个月。

巴克自打参加工作的那一天起，就踏踏实实、一丝不苟。他更换的密封器与皮带，运行时间最长、最耐用。工作时间长了，他看外表、听声音，就能判断抽油机的运行状况。

巴克至今难以忘怀的是刚参加工作时的一件事。一次，他在启动抽油机时，由于操作不当，瞬间被电流击倒，当场就昏了过去……此后，班上安排了有经验的老师傅，手把手教他怎么测电流、怎么接管线、怎么倒流程。也正由此，巴克懂得了在工作中，经验丰富的老师傅对于经验匮乏的年轻工人传帮带的重要性。

这些年来，他梳理了采油岗位可能出现的 100 多个问题和导致问题的 600 多种原因，编写了 50 多万字的维吾尔语汉语对照培训教材。他兼任培训教师以来，培训员工超过一万人次。而以他为带头人的“创新工作室”，利用公司提供的 30 万元攻关资金，解决了“抽油井盘根渗漏和刹车不灵”等难题，获得了 16 项国家专利成果，现已有 8 项在生产现场推广应用。

2007 年上半年的一天，巴克问一个徒弟，怎么在网站发帖子上传文章。徒弟问：“师傅您要在哪个网站发帖子？”巴克回答：“我自己的网站。”徒弟俯身往电脑前一看，果不其然，“新疆石油网”几个大字赫然映入眼帘。徒弟瞬间惊诧得张开了嘴。原来，眼瞅着自己辛辛苦苦整理出的实用而又“独家”的大量采油专业资料以及 50 余万字的维吾尔语汉语对照培训教材闲置在自己手中，巴克很是心焦。他想让这些渗透了自己心血的东西发挥出更大的作用、让更多的石油工人受益……他萌生了办一个专门针对石油工人的网站的想法。

为组建自己的石油资料共享网站，他没日没夜地苦干，经常是趴在计算机前一倒腾就到凌晨三四点。好不容易有点眉目了，没等他把资料全部上传，一天，网站忽然打不开了。他不甘心，开始了第二次“出征”。可不出半年，因为技术问题，网站又被迫关闭。

事不过三，这一次，他暗下决心一定要成功。他再次出手，买来模板，一边学习，一边整理、上传资料。终于，他的个人网站“红柳石油网”正式推出。现今，网站已拥有 13000 多个注册用户，每年有 50 多万人次的点击量，成为全国石油同行交流、切磋的平台。

10 余年的时间里，巴克光是花在这个网站上的费用，就近 6 万元。对于一个收入不高且与网络多有不搭的石油工人来说，这可谓“疯狂之举”了。而正是这样的举动，突显了巴克的眼界与视野。

责任温情　融入血液生命

在单位，他是班长；在同事眼中，他是好领导、大哥哥；在家里，他排行老大；在家人眼中，他是称职的好兄长、好丈夫、好父亲。责任与温情，已融入他的血液，化作他生命的一部分。

2007 年，杨雪峰从武汉科技大学毕业后，回到家乡克拉玛依，在重油公司巴克所在的班组当了一名采油工。

灰心失望、迷惘困惑令杨雪峰很长一段时间都打不起精神。自己的父母是采油工，从小就知道采油工的艰苦、不易，从小他就希望通过自己的努力，远走高飞，干一番大事业。在大学，他学的是国际金融贸易，现在却又干上了和石油打交道的一线采油工……

巴克看出了杨雪峰的心思，一有时间，就找杨雪峰谈心，以亲身的经历告诉他，只要踏实肯干、用心钻研，一定会干出成绩、一定会成才。

师傅的言传身教、感化帮助终于慢慢打动了杨雪峰，他无论是在工作中，还是在生活中，都学着师傅的样子，从最基本的做起……去年，杨雪峰成为一名技师。

几年前，哈萨克族女青年加伊娜从新疆大学机械工程专业毕业后，回到克拉玛依工作。后来，她考入重油公司。令她喜出望外的是，她被分配到远近闻名的巴克的班组，成为巴克手下的一名员工。

同巴克班长共事久了，她更感到巴克的榜样力量的可贵。操作不当、技术不够，巴克一遍一遍地教，不厌其烦；家里遇到了困难，巴克在第一时间出现在面前，鼓励、支持、帮助……

巴克所在的班组共有 24 名员工，由汉族、维吾尔族、哈萨克族、回族等四个民族的员工组成，大家情同手足、亲密无间。

去年的古尔邦节，巴克邀请班组全体成员到自己的家中，过了一个温馨而又快乐的传统节日。巴克班组的员工中，过半是女性。每年的三八节，巴克都要给班上的女员工们送小礼物。说起这些，巴克班上的女员工们兴奋异常，如数家珍。

巴克在家里排行老大，他下面还有四个弟弟。从参加工作那年开始，巴克就省吃俭用，从自己微薄的工资中挤出大部分费用，用于几个弟弟的学费和生活费。几年间，四个弟弟全部考上了大学，三个弟弟去国外留学，两个弟弟正在攻读博士学位。

不仅如此，2002年，巴克还为父母翻盖了远在和田老家乡下的房子，为父母买了冰箱、彩电、洗衣机，安装了网络……去年，巴克回家探望父母。父亲拉着他的手，让他看房梁：“我亲手把你的名字，刻在了大梁上。这些年我们这个家、你的弟弟们，多亏了你的帮助。谢谢你了，孩子！”

最近几天，巴克10岁的女儿一回家，就兴奋地喊：“爸爸，爸爸，我在公交车站的大牌子上，看到你的大照片了，你干了什么事情啊，成了我们克拉玛依市的英雄？”巴克抚摸着孩子的发辫，说：“爸爸干的是一个石油工人的本职工作，尽职尽责了而已。你长大了，也要这样做。”女儿用力点着头。

在巴克班组所在的院子里，有几丛红彤彤的戈壁红柳，这是巴克和员工们从附近的戈壁滩上移植过来的。

巴克说：“红柳不畏戈壁荒漠，不畏酷暑严寒，不畏风沙干旱，根深叶茂，根有多深，树干有多高，最深的红柳可以深入地下30余米。并且，它们抱团生存，共生共长。红柳既是工作生活在戈壁荒漠中的石油工人的楷模，又是我们的象征。有红柳在，就有我们石油工人在；红彤彤的红柳花朵，开在我们石油工人的身旁，开在我们石油工人的心中……”

宋成立

1994年参加工作，现为中国石油吉林油田公司扶余采油厂采油工，高级技师、集团公司采油技能专家、油田公司采油专业培训师、吉林油田公司采油技能专家工作室领衔人。

研发创新成果69项，获得国家专利局授权专利65项，11项成果获得省部级以上奖励。

曾获吉林油田公司劳动模范、吉林省自学成才奖、吉林省经济技术创新标兵、吉林省技术能手、吉林省技能大奖、吉林省五一劳动奖章等奖项及荣誉称号。

自学成才的“金点子”

武 唯 李彦秋

不善言辞是宋成立给人最深的印象。这可能与他长期和油水井打交道有关。沉静的心或许更能让人专心做事。在近 20 年的采油工岗位上，他从迷茫失落到自学成才，从学员成长为教练，从沾满油花的工人到著书立说的创新专家，永不言败的性格让他从一名普普通通的技工逐渐蜕变为中国石油吉林油田公司劳动模范、集团公司“十一五优秀兼职培训教师”、吉林省首席技师、松原市高级专家、吉林省五一劳动奖章获得者。

挫折让他成长 技能竞赛是最好的催熟剂

2001 年，在吉林油田公司综合利用厂当电工的宋成立，工作正如鱼得水，不料，突然遭遇了人生中的重大变故。由于机构改革，单位转制分流，他被分配到吉林油田扶余采油厂当了一名采油工。一切都得从零开始。以前学的知识没了用武之地，宋成立非常迷茫，一时间很难从失落的情绪中走出来。

“单位实行的是竞聘上岗，一个啥都不会的人没有任何部门想要。”当时的处境让宋成立体会到了什么叫落差。没有好的部门可去，那就从基层干起。从最艰苦的小班也就是夜班开始打拼，跟着师傅学技能。经过两年多的历练，宋成立成为采油行业的业务能手。

上天关上一扇门，同时会为你打开一扇窗。参加技能竞赛就是宋成立的那扇窗户。2006 年的一场全国技能比赛，彻底改变了他的人生际遇。

比赛的参赛选手，大都是来自作业区、作业队的质检员。质检员必须是技师以上的人才可以担任，而他仅是个中级工。因为技术水平等级不够，赛事组委会进行参赛资格最后核定时，把他列为了淘汰对象。但是，为慎重起见，组委会决定通过比赛确定选手的去留。宋成立知道自己的处境岌岌可危，心里非常憋屈。考场上，他铆足了劲。

“说实话，当时考卷上的很多内容我都不会，但我依然将相关的知识点都写在了试卷上。”宋成立说。监考老师站在他的课桌旁看了很久。考试结束后，考生们纷纷离去，监考老师唯独把宋成立留了下来，问他关于技能大赛的想法。他沉默了片刻，心里快速地思考：我要争取，为什么不挑战一下自己？参加比赛或许有更广阔的空间。迎着监考老师询问的目光，宋成立说出了改变他以后人生的一句话：“老师，一定要给我个机会！”

他的请求并非为了撞大运。试卷上不会的题目，仍然历历在目。当天晚上，宋成立拎着啤酒、猪蹄，找当时扶余采油厂的技术大拿刘振拜师学艺，就不会的内容一一请教。第二天，考生再次集中。这轮考试，只留下了 60 人，他很幸运地位列其中，让他有了绝地反击的可能。知耻而后勇。不会并不可耻，可耻的是不会还不去学。选手不断地被淘汰，对宋成立来说，只能用惊心动魄来形容。一周集训，继续考试，20 个人又被刷下去了。每周都有几个人离开。两个月后，公司确定最终的参赛选手名单，宋成立留到了最后。“虽然在最终的比赛中，我的成绩并不太突出，但比赛历练了我的心性，全方位提高了自己的技能水平。”宋成立说。

那次比赛彻底改变了宋成立的人生轨迹，他说自己“整个人都变了”。由于参加了比赛，在别人的眼中，他不再是一个没有什么学历、几乎被淘汰的普工，而是各个领域都小有成绩的行家里手。第二年，宋成立再次代表扶余采油厂参加技能大赛。他一飞冲天，一举拿下吉林油田公司的竞赛冠军。大赛成就了他，但也让他领悟到技能之路没有止境。宋成立说：“竞赛获得冠军时，我才算真正入行。”

创新让他成熟　技能大师是这样锻造的

宋成立边学习，边实践，边总结，边思考，边创造，科技创新让他找到了工作的支点。"金点子"是同事送给他的绰号。

一直工作在采油一线，宋成立积累了大量经验。只要在工作中遇到制约生产的难题，他就会反复地思考和研究，提出一个又一个解决方案，现场应用中收不到良好的效果绝不罢手。

他的第一个金点子，解决了油井结蜡的问题。地域不一样，地质结构就差异很大。扶余采油厂开采出来的原油中石蜡含量成分较高。井下作业过程中经常遇到蜡卡的问题，给修井作业带来非常大的工作量。此外，油井一旦结蜡，油井的压力就会发生变化，从而导致产液量降低。采油队经常做的工作之一就是热洗清蜡。一般而言，油井清蜡的方式有热洗清蜡和化学清蜡两种。清蜡不及时，往往带来很多对生产不利的问题，如何既能保证生产又能减少不必要的洗井，减少费用？宋成立通过查资料、对照示功图、到井口观察等方法，总结出了油井单井结蜡周期，研制出了一套清蜡程序，治愈了采油常见病，解决了油井清蜡的生产难题，节约了大量的洗井费用。

有了这次成功，宋成立在技改创新的路上一发不可收。只要有员工反映生产中的难题，他就会在脑海里迅速形成一个解决链，之后按着构思设计图纸，找机加车间的工人师傅加工，直到成品成功应用，他才能松一口气。

吉林油田的气温很低，天寒地冻，井上管线结冰，会在很大程度上影响采油效率。解决井上管线结冰的办法一般是缠绕电热丝。采油厂共有 4000 多口油井，全厂年消耗电量 718 万度，折合电费 395 万元。采油厂电费一直占全厂生产成本很大比重，节能挖潜的余地很大。

宋成立发现这个问题后，立即将降低电耗作为攻关目标。如何让管线保持在一定的温度范围，还方便操作？每天下班踏着茫茫夜色回家的宋成立，苦思冥想。初冬的傍晚，夕阳的余晖尚未完全散去，宋成立从油井向停车场走去。看着余晖一点点消散，夜幕逐渐降临，路灯一一亮了起来。路灯亮了！宋成立紧皱的眉头突然间舒展开来，路灯定时点亮的功能让他一下子想到了管线保温通电的解决方案。

技术革新犹如一张纸，捅破了，豁然开朗，捅不破就只能困于现状。路灯间歇通电的方式，很好地解决了人工通电不及时、不规律的问题。就这样，嵌入定时点燃机制“井口电保温控制器”开始投入使用。为了实现量产，宋成立在第一代产品的基础上，又开发出了第二代“PLC 井口电保温自动控制装置”，可根据油流的温度、外界的气温、水油比等参数的变化，调整保温装置。这项发明让宋成立获得了中石油技术创新二等奖。

在采油队从事井下作业监督期间，在修复辖区一口高频作业井时，他发现该井出砂量较大，井筒结垢严重。多次作业无效的情况下，他采用 AOC 防砂泵和复合防砂筛技术进行处理，彻底解决了高频老大难井的问题；结合不同井的井下特点，他采用不同井下工艺，使修井作业质量显著提升；根据杆柱在油管中运动时与管内壁产生的摩擦力极易造成杆弯曲从而发生杆断的问题，他总结出加强热洗选择合理的下泵深度，使用组合杆，杆断井由原来的 39 井次降低到 14 井次。

2016 年，吉林油田采油技能专家工作室组建。作为工作室的领衔人，宋成立带领创新团队从生产实际出发，攻关制约生产的瓶颈问题，研发的“采油、输油管线防冻防盗取样取压装置”有效解决了北方油田采油井冬季生产资料无法准确录取的难题，减轻了员工的劳动强度，提高了资料录取的准确性。在华北油田举办的一线创新成果评比中，他的三项成果“采油、输油管线防冻防盗取样取压装置”“PLC 井口电保温自动控制装置”“螺杆泵井专用导压验管开关”分别获得了一等奖、二等奖、三等奖。

基于解决实际问题，宋成立在创新中成长，成了过硬的技能专家。10 多年来，他累计研发创新成果 69 项，获得国家专利局授权专利 65 项，11 项成果获得省部级以上奖励，先后有 32 项创新成果在生产中得到推广和应用。

在创新路上，他坚持独立思考，不唯书不唯上，用技术成就梦想，用创新凝聚力量。

传授让他快乐　立志做知识的传递员

宋成立的学习热情、工作干劲、创新精神，不仅成就了他本人，也影响和带动了身边的一批同事走上成才之路，促进了采油厂员工技术素质的整体提升。用宋成立的话说，传帮带，传授知识是一方面，更重要的是向学员传达一种精神，一种对自己的将来充满信心的精神，一种能在工作中找到自我价值的精神。“当教练不是起早贪黑，而是要让学员的思想转变，让他们钻技术、爱技术。”在他的感染、带动和帮助下，很多同事通过学习快速成长起来，成为单位的生产骨干。

为了让同事在学习中少走弯路，宋成立针对生产中容易遇到的难点、重点，把自己的心得体会重新整理，总结出一套新方法、新理论，并制作成多媒体教学课件，用直观易懂的动画讲解代替枯燥的理论授课，激发了同事浓厚的学习兴趣，在全队掀起了比学赶超的浓厚氛围。他在队里成立了师带徒小组，由他和自己所带的 3 名技能水平较高的徒弟分别带徒，很快实现了全队员工整体技术素质的大幅提升，他所在的采油队获得了油田公司“员工提素标杆战队”称号。

由于技术精湛、协调组织能力强，他被吉林油田连年委派为采油工技能竞赛总教练，带领队伍在公司技术运动会上累计夺得了 21 块奖牌，3 人在集团公司技术运动会上夺得铜牌，4 人获优秀选手，取得了吉林油田历史最好成绩。

宋成立不善言辞，却擅长总结。一有闲暇，他就会梳理记在小本子上的灵感，垒土成塔，编写了很多实用的教材。他独立或参与编写审订的《采油工岗位基本操作技能手册》《采油工实用读本》《油水井动态分析实例解析》《采油队 HSE 培训矩阵编制与应用》《一线创新成果案例集》等书籍成为教材，广受学员好评。

没有一个人能随随便便成功。在耀眼的光环背后，是宋成立的刻苦学习、日夜钻研和辛苦努力。相信自己，有付出总会有回报。

郭连升

1982年参加工作，中国石油华北油田分公司培训中心培训师，高级技师、集团公司采油技能专家。

在注水采油集输、安全管理、作业监督、生产调度等多个一线岗位工作28年。积极参与技术攻关活动，提出合理化建议20余项，累计创效500多万元。培养生产骨干500多人，授课1800多个课时。

曾荣获集团公司技术能手、河北省青年岗位能手、河北省技术标兵等称号。

他让废弃井“起死回生”

赵祥昆

2018 年 5 月 10 日早上 9 点，在中国石油华北油田公司实训基地举办的中国石油煤层气公司首届技能竞赛上，郭连升作为大赛裁判长代表裁判组宣誓，之后就忙碌在各个比赛组之间。

执裁过多次华北油田公司级以上的技能大赛后，这次作为裁判长，郭连升的工作主要是仲裁，裁定有争议的评分结果。

28 年采油工，注水采油集输、安全管理、作业监督、生产调度，郭连升都干了一遍，成为集团级专家。随后 8 年的培训师生涯，郭连升连续 3 次被评为操作技能高级培训师。

从一名普通采油工，郭连升一步一个脚印，完成了人生的转型跃升，华丽蜕变。

井无压力不出油　枯燥岗位得“真传”

唱着《我为祖国献石油》的嘹亮歌曲，1982 年，18 岁的郭连升从华北油田总技校地质专业毕业，来到华北油田开发指挥部一矿采油三队，当了一名采油工。

地质专业很多知识跟找油有关，现在却被分到了采油岗位。上班第一天郭连升就发现，地质专业那些断层、构造、凹陷与一名采油工的查井、量油、取样、清蜡、测气等工作简直风马牛不相及。他对起码的采油地面设备、工艺流程、注水采油集输等基础知识都一无所知。

门都入不了，怎么办？郭连升有一颗好强的心，他要找到门路。

郭连升是幸运的。一位从大庆油田调来的老师傅李瑞祥看中了他的刻苦劲，认他当了徒弟。李师傅在采油和注水业务上很有一套，特别擅长油水井动态分析。郭连升找到了入门领路人。

郭连升现在还清楚记得李瑞祥跟他说的话："我们采油工干的工作其实技术性特别强，不是谁都能干！"

当时郭连升所在的任五配水间负责 2 口注水井、4 口油井的日常巡检维护，还有一口日产 400 多吨的自喷井需要重点维护，马虎大意不得。

6 口井要不断巡查，天气好能骑自行车，雨雪天就要步行巡查。配水间一个班就一人，日常的清蜡、扫地、量油、测气，是基本工作。干久了就会感到枯燥、孤独、无聊，年轻的郭连升有些厌倦了。

李瑞祥看到了郭连升的状态。他告诉郭连升一句话："采油工的岗位在地下，斗争的对象是油层。"这是大庆油田工人常说的一句话。表面意思是采油工地面上能看到的工作很简单，但要提升油井产量、提高注水量，就要靠调整看不见的油层里的东西，而这需要技术的积累。

李瑞祥跟郭连升深聊后告诉他：井无压力不出油，油层里之所以出油，是因为有压力。你上班不学习，没有压力是进步不了的。师傅的话在郭连升心里打下了深深的烙印。

李师傅给郭连升找来专业书籍。郭连升看理论、学技术、钻业务，连中午在食堂排队吃饭都手捧书本。酷热的天气，队上的师傅们在外纳凉打扑克，他把自己关在宿舍里啃书本。就这样，郭连升边学习边提升，在最基层的配水间一干就是 5 年。当时的郭连升在油水井生产动态分析上，已经得到李师傅"真传"。

1987 年，华北石油管理局举办油水井分析能手竞赛，郭连升得了第一名。一个普通工人而不是技术人员得到第一名，让很多人知道了郭连升这个名字。

别人放弃了　他坚持给废弃井找"病因"

25 岁的郭连升，被调到另一个基层班组任五计量站站长。在实践中检验自己的技术水平，郭连升需要机会。

当时站上有一口任 $817^{\#}$ 井，地下油层多，含水量高，产量一天仅有十几吨。与日产几百吨的高产井相比较，这口井属于爹不亲娘不爱的“弃儿”。为挽救这口井，技术人员注灰封堵下部油层，打开上部油层。结果井的上部油层也没有产量。而测井资料显示，上部应该有油。当时注灰车、压裂酸化车辆就上了 10 多台，成本投入很大，却仍没有让这口井增产。既然专业人员都没有“救活”任 $817^{\#}$ 井，就只能由它去了。但郭连升没有放弃，他要给这口井找到“病因”。

郭连升每半小时测试动液面、测试示工图，并不断进行量油分析。经过半个月摸索、上万个数据分析，郭连升找到了任 $817^{\#}$ 井不出油的原因，主要是油层供应能力差。

发现“病因”，就要找到“治病”方案。郭连升为任 $817^{\#}$ 井制定了工作制度。之前这口井是 24 小时运行，不光不出油还耗费大量电力。现在郭连升将 24 小时运行改成 8 小时运行，随后停 40 小时，这口井成为一口“间开井”。

经过调整，任 817# 井“起死回生”。由原来的不出油，到每天产油 5 至 7 吨。1987 年以后，这口本被放弃的油井又为油田产油 20 年。

在采油一厂，此前“间开井”还只是书本上的概念，郭连升活学活用将它变成了现实。由于救活了任 817# 井，采油一厂给郭连升记了一等功。

通过任 817# 井，郭连升找到了自信。他相信，再有类似问题，他还能解决。

机会总是留给有准备的人。

1994 年，钻井队在任 83 区块完成了 866# 井钻探任务，并由试油队对该井进行二次酸化试油。当时，郭连升在现场清楚地看到土油池里漂着一层原油。有油花，说明这口井的油层有出油能力，但让很多人意外的是井没出油。随后的很长时间，这口井成为无人关注的报废井。

几年后油田开展地下大调查，郭连升认真分析了任 866# 井的井史资料、试油资料、措施资料等，断定这是一口潜能井！这样的认定存在风险。很多人劝郭连升，连地质技术人员都不愿接手的井，你一个采油工能有多大把握？采取措施就要有投入，如果你看错了怎么办？但郭连升坚持了自己的看法。经过使用新型酸化替喷新工艺对油层进行处理，2001 年 6 月 7 日，任 866# 井出油了，日产原油达到 10 吨！

郭连升再次证明了自己。别人都放弃了，他没有放弃。其后，他写了一篇论文，题目就叫《产能太低 任 866# 井闲置 8 年 酸化助排 报废井起死回生》。

漂亮完成三级跳　临危受命当教练

郭连升每年给自己定一个奋斗目标，坚持付出，也就有了收获。1990 年，他被聘为采油技师；1997 年，被聘为采油高级技师，是当时华北油田第一个高级技师；2006 年，被集团公司评为技能专家。

郭连升凭借着对石油事业的执着，漂亮地完成了从“门外汉”到“行家里手”再到“行业状元”的三级跳。他的荣誉不是凭空而来，除了坚持不放弃，他还掌握了不少别人没有的绝活儿。

武侠小说里有“听风辨器”，郭连升能听声音判断离心泵、抽油机的工作异常部位。这是多年在基层油井巡检时积累的经验。用螺丝刀敲一敲、用小榔头锤一锤，听听异响，就能诊断出问题所在。这让不少同行惊叹。

2003 年，郭连升在采油一厂采油 17 队工作，当时一台抽油机运行过程中出现异响。郭连升去听后，发现声音是从曲柄销传出。仔细听了一会，郭连升推断是曲柄销总成里的销轴断裂了。在郭连升要求下，油井停机检查。之后的确认结果符合他的推断！直径 60mm 的钢体，如果当时不解决断裂问题，抽油机就有可能会翻机，不仅价值几十万元的抽油机没了，还可能造成人员伤亡。

平时，郭连升去巡检油井，经常在设备操作间门口不进去，听机器运转的各种声音。正常的设备声音已经烙刻在他脑子里，维修时他再核实对故障部位的最初判断。数年积累，经验就有了。

不只是听，实践中郭连升总结了听、看、摸、闻等技巧，几乎每一方面都有独特技艺。酒香不怕巷子深，郭连升的“技术大拿”名声越来越响。

2000 年，中国石油华北油田公司成立。采油一厂承办了公司第一届职工职业技能大赛。结果，作为主场，采油一厂却几乎惨败，10 个名次里只勉强得了最后一名。

2001 年公司第二届竞赛前夕，厂领导找到了郭连升，要他担起当教练带学员争荣誉的重任。

作为教练组负责人，郭连升又找了两个高级技师，几个人一起挑起了重担。他们从厂里的优秀技术骨干里选了 30 人，实行淘汰制，每周考一次试，一个月后只剩下 15 人，大赛前只剩下 10 人。

郭连升亲自授课，将自己多年总结的理论和操作经验全部讲授，每天上课到晚上 10 点半，全力备战。

两个多月后，比赛结果让一厂所有人欢呼。大赛 6 个采油单位的 10 个名次里，一厂包揽了 2、3、4、5、6 名！之前厂领导给的任务是，有两个名次就够，这下超额完成，打了一场翻身仗！

郭连升培训学员越来越有一套。到了第九届比赛，郭连升不但是一厂教练，还成为油田公司的大赛裁判。他所带的徒弟，在每次比赛中都有不俗表现。其中有两人获得过单工种第一名。他最早带出的 10 个徒弟，目前都已是高级技师。

鄚州作业区采油工王振东是当时 10 人中的一个。在郭连升的带动下，王振东制订了 3 个 5 年计划。2006 年评上技师，2010 年评上高级技师，2015 年成为公司级专家。今年他要申报集团专家。“师傅就是我的榜样，我要向他看齐。”王振东说。

创新创效搞技术公关　把握方向推广智慧油田

参加大赛培训学员，一年中只需几个月时间。在这之余，郭连升还是将主要精力放在技术攻关上。

采油一厂不少油井位于现在的雄安新区。面对越来越严格的环保要求，油田公司必须行动起来。郭连升早早就看到了环保对油田的重要性。

2006 年，郭连升在采油一厂成立创新创效小组，由 10 余名高级技师组成，专门攻克生产中遇到的难点难题。生产中需要的工具，他们制造；生产中难用的工具，他们革新。

之前在油井巡检时，需要定时对原油取样，化验含水率，这需要放空管线中的死油。平时还好，一到冬天油管结冻，采油工巡检时都要从计量站用毛毯包着保温壶到油井化开取样口，才能从取样阀放出死油。雨雪天气，摔跤事小，热水烫伤也是常有的。辛苦不说，每次还要浪费 300 克以上原油。郭连升计算过，这样下来，全厂每年就会浪费 100 多吨原油。更严重的是，以前欠缺环保意识，浪费的油都被随意倒在了油井附近，造成污染。

这样的记忆，在郭连升脑中挥之不去。2014 年，郭连升设计了一个名为防冻堵节能取样器的创新产品，取样流出点从取样阀门位置改造到出油管线的中心位置。取样通道压缩到管线中心，新鲜的原油可以直接从取样阀流出。不怕冻了，也不浪费油了。

这一设计获得了三项专利，已在华北油田全面推广。目前，郭连升依靠技术革新已经获得 50 多项实用新型专利，4 项发明专利。

2010 年，郭连升被借调至华北油田公司培训中心，成为中心的高级培训师，开始将主要精力放在培训上。为了细化培训课程，郭连升设立油水井单井动态分析课程。内蒙古二连分公司宝利格作业区的刘建辉学习单井动态分析后，回到岗位用管理的 5 口油井做实验，运行两个月，产油量提高 10% 以上。二连分公司已在作业区全面推广该分析方法。

这两年，郭连升主抓智慧油田建设方面的培训提升，组织主持了两届智慧油田建设专家交流会，让“红工衣”（技能专家）和“白大褂”（技术专家）坐到一起，研究智慧油田发展方向。

华北油田的智慧油田推广速度很快，但操作员工操作技能滞后。为加强员工培训，郭连升开发了数字化抽油机、站控室操作等创新课程，弥补了教学空白。

郭连升认为，在智慧油田时代，想继续在抽油机上搞革新、工艺流程上搞改革，突破的空间比较有限。未来的方向在智慧油田，这也是他今后在培训领域研究的重点。

史昆

1995 年 7 月参加工作，现为中国石油青海油田公司采油一厂采油工，高级技师、青海省首席技师、集团公司采油技能专家、青海省及青海油田命名创新工作室领衔人。

研制创新成果获集团公司一线创新成果奖 3 项，油田公司及厂处技术创新奖 13 项，获国家专利 4 项，发表专业论文 5 篇。

曾先后荣获中国石油感动石油十大人物、集团公司特等劳动模范、青海青年五四奖章、青海省技术状元、全国职工职业道德建设先进个人、全国向上向善好青年、全国五一劳动奖章、全国劳动模范等荣誉。

石油名匠

SHIYOU MINGJIANG

善打硬仗的高原“尖兵”

王 阳 雷 佳 鲁忠涛

穿着一身洗得发旧的红色工服，说话时左手习惯性搭在右腕上，从容沉稳、不苟言笑，目光坚定又自信。他就是中国石油青海油田采油一厂尕斯第一采油作业区采油工、采油高级技师、青海油田采油技能专家、采油一厂职工技术创新工作室领衔人史昆。

自 1995 年从技校毕业参加工作以来，史昆一直以共产党员标准严格要求自己，扎根高原，以柴达木石油精神为引领，一步一个脚印，从采油“小白”到全国技术能手，从基层班组长成长为全国劳动模范，从普通采油工嬗变为全国五一劳动奖章获得者……23 年来，众多荣誉加身的史昆，从未改变“要做一名懂技术的采油工”的初衷，默默坚守在海拔 3000 米的莽莽昆仑，用坚韧不拔的意志书写高原石油人为油而战的故事。

望闻听摸解难题

长期以来，青海油田全面实施操作员工技能晋级计划、创新创效能力提升计划和石油名匠培育计划，努力打造了一支能打硬仗、善打硬仗的高原油田“尖兵”队伍，为油田用新思路助推新发展积蓄了强大原动力，史昆便是其中一员。

8000 多个日夜、几万个油井生产运行参数、几千张井站工艺流程图、上千个凌晨坚持学习、上百本学习笔记……练就了史昆一身的绝活儿。只要油井出现问题，他通过“望、闻、听、摸”就能发现生产问题，迅速解决，被大家赞为“油井神医”。

众所周知，抽油机调整曲柄平衡操作和更换闸门，是采油工必须现场操作的技术活儿。为了掌握这一技能，史昆利用休息时间苦练。工具经常将手划出血口子，两臂发酸抬不起来。功夫不负有心人，在技能大赛中，史昆以操作最高分刷新了抽油机调整曲柄平衡操作和更换阀门的操作纪录。

史昆用成长诠释了从采油“小白”到技术尖兵的嬗变。拥有采油高级技师资格的史昆立足岗位，把所学知识竭尽所能投入到原油生产实践当中。他先后摸索总结出的操作规程、合理化建议、生产规律性数据等得到了广泛应用，累计增产原油 1000 多吨，降低成本 300 多万元。他成了大家心目中名副其实的“技术尖兵”。

创新是他的代名词

培养员工创新意识是提升员工创新能力的关键。为此，青海油田从 2012 年就启动了职工技术创新工作室创建活动，相继成立了以史昆等 6 名员工名字命名的职工技术创新工作室，为员工技术创新搭建平台。

创新源于实践，又服务于实践。2014 年 4 月，史昆职工技术创新工作室挂牌成立。作为领衔人的史昆，只要是有助于节能提效的点子，只要是关于科技创新的技术，他都会埋头和同事一起研究，努力探寻破解之法。史昆牵头发明的光杆扶正器、防偏磨装置等一批首创工具，不仅实用，更为生产助力生威，累计降低成本 60 万元，增产原油 470 余吨。

有的油井含蜡高、出砂严重，极易发生断、卡、脱等现象，管理难度和维护难度非常大。史昆悉心观察、总结规律，建立每一口井的技术档案并总结出了“一井一法、一井一策”管理法。他通过近一年的数据分析、工况对比、技术改良，成功解决了这些油井的老大难问题，当年便累计增油 200 多吨，降本增效 70 多万元。

创新成了史昆的代名词。4 年来，史昆带领职工技术创新工作室共取得技术创新成果 20 余项，已全部应用在实际生产中，取得了良好的经济效益及社会效益，累计创造效益 100 余万元。

向复合技能人才转变

岗位上成才，项目中历练。青海油田吸纳类似史昆的优秀技术骨干加入重点科技攻关和技术推广项目，不断推进技术革新成果共享，在实践中挑大梁。他们成为青海油田创新创效的中流砥柱。

史昆坚信，只要潜心研究、砥砺前行，必能不负使命。当谈到这么多年有没有碰到特别难啃的课题时，史昆说：“低温防冻取样阀的研制过程异常艰辛。我们在寒冬腊月里通过 5 次试验，解决了采油工寒冬腊月提热水、滋蒸汽解冻取样等繁重而又费时的难题。”

还有一次攻坚让史昆难以忘怀。油矿有一批井产量比较低，史昆想通过改进捞油装置提高产量，降低工人的劳动强度。他设计了好几种方案，几个月都没弄成功。后来，他找准解决问题的关键点，把井多长时间恢复液面状态、达到最好的捞油效果记录下来，然后根据数据进行计算，看工人多久来捞油一次就可以。这样既不浪费资源，也让工人作业时轻松了很多。

史昆立足岗位，遇到难题敢试敢闯，技术攻关敢想敢干。史昆职工技术创新工作室成立以来共立项 80 余项，发表论文 10 余篇，取得实用发明专利 4 项，而史昆也逐步实现了由操作型技工到复合技能型人才的华丽转变。

教业务　传技能　作示范

随着企业改革的不断深入，青海油田大力开展“师带徒”“传帮带”活动，不断提升基层专业技术人员现场问题解决能力、复杂问题处理能力，夯实了油田稳健发展的人才基础。

史昆常说：“个人的能力水平再高，放到企业的发展洪流中都是微不足道的。只有将一人强变成万人强，才能把工人的职业生涯拓展到最大宽度。”史昆积极发挥传帮带的作用，做好职工技术培训和高技能人才培养，让更多人掌握高技艺、拥有高水平。

同事张占玉与史昆相识已有 10 多年。从一名普通采油工到现在的高级技师，张占玉说最感谢的人就是史昆：“我现在是一个高级技师，能走到这一步很大程度是受史昆的影响。”

史昆的徒弟李鑫 2014 年参加工作。“我师傅是一个在技术上特别较真的人，我有什么不懂的问题凌晨两点给他打电话，他都会详细地为我解惑答疑。”

工作以来，史昆已带了 10 多名徒弟，其中有 6 人已是采油高级工，2 人被评为技师，2 人被评为高级技师，有的徒弟甚至走上了专业技术岗位。

史昆积极配合采油一厂及各作业区，对员工进行技能培养，不断拓展“师带徒”范围。他紧密围绕生产相关课题，将自己多年潜心研究、总结出的“抽油机井实测示功图分析”“现场单井抽油机井生产不正常判断处理”等课件在全厂范围内交流，为员工教业务、传技能、作示范共 2000 人次，为更多人实现岗位成才贡献了自己的智慧力量。

2010 年、2013 年、2014 年，史昆担任了中国石油天然气集团公司采油工、集输工职业技能竞赛的裁判及教练并带队参加竞赛，负责培训的中国石油职业技能竞赛采油大工种获团队银奖。2017 年，由史昆带头培训的优秀选手周芳利在集团公司职业技能竞赛中与兄弟单位的同仁合作，荣获团队项目银奖，创造了青海油田历史最好成绩，为采油一厂赢得了荣誉，为青海油田争了光。

史昆的个人成才经历，也是青海油田技术人才成长的一个缩影。多年来，青海油田紧紧围绕企业发展战略实际，始终将技能队伍建设放在人才工程的重要位置，形成了以高端技能人才为引领，两级技能专家为龙头，技师、高级技师为骨干，中高级工为主体的金字塔式操作技能人才队伍。技能人才在攻坚解难、拼搏奉献中实现着自己的价值，诠释着高原石油人脚踏实地、勇攀高峰的信念。

周忠军

1985年参加工作，中国石油大港油田分公司采油四厂采油工，高级技师、集团公司采油技能专家。

先后取得革新成果数十项，获得国家专利11项，发明的“柱塞泵进口稳压自动排气器”荣获天津市设备管理优秀创新成果。在国家级刊物发表专业技术论文9篇，为国家和企业创造了千万元以上的经济效益。

曾荣获中国石油优秀共产党员、中国石油技术能手、天津市滨海新区首届滨海工匠、天津市津门工匠、天津市知识型员工、中央企业劳动模范、天津市五一劳动奖章等荣誉。

油田“神医”倔老周

王 辉

2017 年 12 月 19 日早上 9 时，天津滨海新区，一辆汽车停在中国石油大港油田第四采油厂第一采油作业区生产管井一组的门口。车门打开，一个个头不高、皮肤黝黑的中年男子下车走进一旁的注水泵房。拿出“听诊器”，把尖端插入注水泵外露的螺丝口，1 分钟不到，注水泵的 5 个液缸听完。中年男子开了腔：“第三个有问题。”“呵，真神了你！”围在一旁的生产管井一组的工友纷纷竖起大拇指。

中年男子的“神”还体现在其他方面——参加工作 32 年来，先后取得数十项革新成果，获得国家专利 11 项，创造经济效益上千万元，同时荣获央企劳模、天津市知识型员工等荣誉称号。翻开一个个或大或小的荣誉和实用新型专利证书，一个名字清晰耀眼——周忠军。

“黑马”

1985 年，唱着《我为祖国献石油》这首歌，17 岁的周忠军走出大港油田技工学校，成为大港油田第四采油厂的一名普通注水泵工。

初到采油厂，在被眼前一台台采油机械设备吸引的同时，周忠军也给自己树立起一个目标：尽快熟悉工作，掌握技能，成为一名懂技术、精业务的技能人才。每天忙完巡井等工作，周忠军便一头扎进书堆里。从《注水泵工》到《机械制图》

再到《电工操作指南》，他都反复学习钻研。夏天，地处荒野深处的井站是蚊子的天堂，他的身上不一会儿就布满疙瘩。冬季，肆虐的寒风钻进小屋，经常冻得他全身哆嗦。几年下来，一本本专业书籍啃下来，他脑海中积蓄的知识越来越多，发现和解决问题的能力也越来越强。

1995 年，大港油田开始试用变频装置应用于柱塞泵控制系统，试验点恰巧是周忠军所在的注水站。此项新技术可以降低生产能耗、减少人力投入，但也带来了变频电路故障频出的烦恼。1997 年春节前夕，故障再次出现。无奈之下，采油四厂向生产厂家打去电话，但厂家的回复却让人心中一凉——技术人员要到节后才能前去维修。看看身旁飞速旋转的电表，再算算一天白耗电 1200 多度的损失，周忠军坐不住了。“干等着算什么事，咱们自己为什么不试试？”

为了找到“病症”，周忠军和变频装置较上了劲。他时而站在启动柜前上下查看，时而绕到变频柜后面左右端详，有时蹲在地上盯着密如蜘蛛网的电路冥思苦想，有时又拿起书本寻找答案。反复思考后，一套检验办法在周忠军脑海形成：先检查主回路，查看上下端电压是否正常，验证变频器输入端是否有问题，再将注水泵转换开关调到变频位置，查看主电路是否有问题；主电路正常，再查控制回路，一步一步检测最终发现是可编程控制输出无信号变频器无法获得最终启动信号。“罪魁祸首”可编程控制器被发现后，解决问题就成为下一步工作。此时，周忠军将目光投到了外部电路上，提出利用中间继电器旁路故障部分，再利用互锁电路保证电路程序安全。一番摸索后，变频控制系统终于得以修复，注水泵也恢复了正常，等到厂家询问变频故障是否解决已经是 20 天以后的事了。

为了更好地用好变频注水装置，周忠军根据现场实际总结出的“三确定、五验证”变频使用方法，开始在越来越多的地区推广，他一跃成为采油四厂甚至大港油田的技术“黑马”。

“神医”

对出现故障的设备进行外修的做法，2013 年前在采油四厂很是普遍。翻开该厂曾经的设备外修记录，大到注水泵，小到一个不起眼的设备零件，每次遇到技术故障问题，该厂就会向生产或维修厂家打去电话，让对方派技术人员前来维修或将设备送修。但带来一串问题：花费多，每次光外修费用少则数百元，多则

上万元；时间长，从报修到再次使用，少说也得 10 多天……

看到每年上百万元维修费用的支出，“老抠”周忠军又坐不住了。2013 年，周忠军主动向厂里请缨成立团队解决维修难题。他的想法很快得到了厂领导的大力支持，随即充实采油、注水、输油、电力和设备维修五大专业技能专家，成立了以周忠军为组长的设备管理专家组。

设备管理专家组成立以来，先后抽检设备 4942 台次，维修设备 914 台次，设备外修率由 100% 下降到 15.1%，创造综合经济效益约 1298 万元。在此过程中，身为专家组组长的周忠军，维修技能也与日俱增：速度越来越快，质量越来越高，维修范围也越来越广。

由于周忠军本领过硬，设备管理专家组也被采油厂赋予了三大职责：对重大疑难维修问题进行会诊，尽可能将维修问题在厂内解决；对计划外修设备进行鉴定，经鉴定确为本厂无力修复再选择外修；与生产及外修厂家进行谈判，降低维修价格。在长期的摸爬滚打中，周忠军练就了一个“辨音遥控”的本领——无法赶到现场时，他就让人把发生故障的机器运行声音录下来，通过微信发给他，然后根据声音的差异准确指出问题所在，再告诉对方解决办法。

日历一页页翻过，周忠军的名声逐渐从采油四厂、大港油田传出。他成为全国石油系统柱塞泵维修领域的一位知名专家，各地争相借用的“香饽饽”。

2016 年，中国石油天然气集团公司海南项目注水泵改造后，原本能使用 5 个月左右的柱塞填料不到 1 个月就消耗殆尽，维修工作量和管理成本大幅增加，注水时率也得不到保障。设备生产厂家表示，解决问题至少需要投入 80 万元。此时，集团公司想到了周忠军。周忠军毫不犹豫答应下来，马上乘飞机去给注水泵“治病”。一到海南的工作现场，他顾不上休息，连续两昼夜吃住在现场，终于找到了问题症结：柱塞频繁发生漏失是配件选型、盘根及安装方法、流程优化等多方面原因造成的。一番改造后，问题很快解决。最后一算账，总计花费不到两万元。

“发明家”

在努力为公司节省资金的同时，深知“最好的防守是进攻”道理的周忠军心中清楚，要想让省事、省钱的目的真正实现，就必须在维修的基础上再进一步，向发明创造进军。

在石油开采的诸多环节中，注水是保证石油稳产的重要办法，而用同一条供水管线向多台泵供水是多数油田普遍采取的办法。这个办法虽能有效提高输送效率，但由于各泵所在的位置不同，处于末端的泵由于压力降低，柱塞泵进口处经常出现大量的溶解气。这些气体如果不能及时排出，容易导致电量无效消耗、材料损害等问题。为解决这一问题，人工每小时排气一次就成为普遍性做法。

这样的做法虽在别人眼中习以为常，但周忠军看到后心中很不舒服：排气劳动强度较大，放气不及时就会造成很多设备问题。能不能发明出一个设备实现自动排气呢？周忠军心想。想法虽好，但实现起来却颇为困难。为此，周忠军吃饭时琢磨，走路时思考，想来想去无从下手。有一天，他想到了卫生间的抽水马桶。抽水马桶可以通过浮球的浮力来自动控制水箱的进水和出水，这一原理是否可以应用到对气体的控制中，实现自动排气呢？很快，一个名为自动排气器的装置就在周忠军手中诞生出来。该装置利用浮球开关的原理，当气体聚集到一定的体积时，迫使液面下降，浮球浮力下降打开排气通道，气体从排气孔自动排出，当气体排出后液面上升，浮球上升自动阀关闭停止排气。带着兴奋的心情，周忠军对自动排气器进行了首次实验，但发现开关容易卡住，使用并不方便。再重新加长力臂，仍发现排气量较小。拆卸后给侧面加上两个孔以增加排气量，预期的效果虽然当时出现，但 6 天后却暴露出自动放气阀开启不灵活的问题。他再次拆下分析，发现是因为脏物堵塞、浮球质量出现问题导致。于是，他一边清理过滤网，一边装上钢丝球过滤……

经过 4 次结构调整，喜人的情景出现在周忠军眼前——脏物堵塞放空现象得到避免，注水单耗明显降低，人工劳动强度大幅减少。安装使用后，处于输送干线末端泵的使用效率提高了 20%，单台泵每年创造效益超过 5 万元。自动排气器只是周忠军发明之路上众多硕果中的一个。多年来，他先后创造了数十项革新成果，获得国家专利 11 项，在国家级刊物发表专业技术论文 9 篇。

徐志民

1986 年参加工作，现为中国石油吐哈油田分公司鄯善采油厂采油工，高级技师、集团公司采油专家。

先后获得 3 项国家专利、8 个技术创新项目、12 项小改小革，提高了各类设施、设备的安全性能，创造了 1000 余万元的经济效益。

曾获吐哈榜样、集团公司铁人奖章、集团公司优秀共产党员、集团公司劳动模范、自治区开发建设新疆奖章、自治区天山工匠、全国五一劳动奖章等荣誉。

从采油一线“钻”出来的创新达人

梁兴华　张立周　杨　峰

在中国石油吐哈油田鄯善采油厂，说起徐志民，可以说无人不知、无人不晓。大家都知道，他是一位创新达人。

徐志民是鄯善采油厂采油巡检工，高级技师。他刻苦钻研技术，醉心于发明创造。一个个结构简单的发明创造，一项项充满创意的小改小革，使生产中的难题迎刃而解，使繁琐的工序简洁明了。

“不方便的地方都是该创新的地方”

徐志民从小喜欢机械、无线电等技术。他曾买来相关原件和配件，给家里组装了一台电视机。市面上有了遥控电视后，他又给自家电视加装了遥控板。一些熟悉他的人说，别人花七八千元买的家庭影院，比不上他花 2000 多元组装出来的音响效果好。

1986 年，徐志民从玉门石油技校采油专业毕业，被分配到玉门石油管理局鸭儿峡油矿工作。1992 年，他被调入吐哈油田从事采油工作，先后干过注水、维修、巡检和安全员等工作。

参加工作后，徐志民喜欢“捣鼓”，经常搞出一些革新发明。新型油井套管定压放气阀，就是他的一个发明。

在现场监护期间，徐志民发现抽油井上的放气阀使用周期短，成本高，浪费严重。一个放气阀长则用几个月、短则一个月就坏了，坏了就要更换，一换就是一套。一套放气阀要花费800多元不说，在更换时还需要关停井、办动火作业票、请专业施工队施工。安装时需要一个车组4个人进行3个小时的动火作业才能完成，不仅造成材料的极大浪费，还影响了开井时率，安全风险也较大。

当时，采油厂有500余口抽油井。徐志民想："每天这样大的工作量，整个采油厂不知道要花费多少人力物力？换一个放气阀太不划算了。"于是，他就"捣鼓"起来，尝试能不能通过改造放气阀来减少工作量。

徐志民利用业余时间拆解废弃的套管定压放气阀，研究工作原理，查找失效原因。他利用学到的机械制图知识画出原理图，自费联系加工单位加工。加工完成后，徐志民兴奋地把加工好的放气阀抱到井口上，却发现跟设计的不一样。他立马返回加工单位跟加工人员沟通，才知道加工人员对设计图纸的理解与他的设计初衷不一致，他的设计存在一定问题。于是，徐志民重新修改图纸，逐一确定尺寸参数。完成修改后，他带着图纸到加工车间，亲眼看着加工，每道工序、每个数据都挨个确认，在车间一待就是一整天。加工车间温度很高，徐志民的衣服很快就被汗水浸湿了。但看着自己的设想变成了实物，他觉得汗水没有白流。

就这样，经过反复改进，在失败了5次之后，徐志民终于研制出了可更换阀座的新型套管定压放气阀。

新型套管定压放气阀投入使用后，更换时减少了停井时间，避免了动火作业风险，提高了操作的安全可靠性，减少了施工队的施工费用和材料费。而且，更换步骤简单，操作方便，一个人15分钟内就可以更换完毕，大大节约了生产成本。同时，新型套管定压放气阀还增加了可安装套嘴的功能，达到控制套管气的目的。

这一成果在全厂推广后收到良好效果，还获得了国家专利。后来，这项成果获得国家专利应用效果奖，被吐哈油田评为推广应用二等奖。

在生产中发现，在实践中创造。徐志民格外留意工作中的难题，他常说："不方便的地方都是该创新的地方。"

工作中，徐志民发现，在有杆泵采油方式中，光杆不仅与盘根摩擦，有时也与盘根压帽摩擦。由于二者都是钢铁材料，很容易造成光杆外光洁面损坏，影响光杆与盘根的密封效果，造成井口油气泄漏。光杆损坏严重时，就需要更换光杆。

为了解决有杆泵采油过程中因井口偏磨造成的光杆磨损问题，徐志民研制了抽油井光杆防偏磨盘根压帽。这一成果推广使用后，不但避免了光杆拉伤，有效延长了光杆使用周期，还省去了更换抽油井光杆的所有程序，大大降低了采油成本，降低了操作人员劳动强度，减少了环境污染，提高了油井开井效率。此项发明获得国家专利。

在徐志民看来，每一个生产难题背后都隐藏着一个革新的金点子，反过来，每一项革新又能解决实际难题。2006 年以来，徐志民围绕原油生产实际搞革新创造，推出小改小革 10 余项，提出合理化建议 6 条，获得国家专利两项，8 个技术创新项目、4 个质量控制项目在采油厂获奖。

“每一个人都应争当革新能手、智慧工人”

在采油厂2014年质量控制成果发布会上，获奖的13项成果中，《抽油井光杆盘根润滑装置的研制与应用》获得质量控制成果一等奖，《抽油机井井口防污染装置的研制与应用》获质量控制成果二等奖。这两项质量控制成果发布人，一个是徐志民，另一个是他的徒弟李智虎。

徐志民善于钻研，勤于思考，勇于解决生产难题。他深知独木不成林的道理，通过“导师带徒”等传帮带方式，将自身长期积累的操作技能和工作经验，毫无保留地传授给员工。

在他的影响和带动下，采油工区员工纷纷争当“小诸葛”，遇到问题就能开动脑筋，出主意，想办法，献计策。他们提出的促进勘探开发、优化工艺流程、强化技术攻关等好方法，解决了实际生产难题。

徐志民主动与莱建伟、陈胜、赵萍等员工结对子，签订导师带徒协议，不断提高他们的实际操作能力。他主动放弃休息时间，和大家一起连班加点，手把手、毫无保留地传授，使大家很快掌握了操作技能。

经过多年的培训和传帮带，徐志民所带过的徒弟实现了"三变"，即徒弟变师傅、没名变有名、采油工变技术能手。在他的徒弟中，有的被评为采油高级技师，有的被评为油田公司技能专家、技术能手，更多的人已成为采油厂的生产骨干。

徐志民带过的徒弟有个特点，像他一样，养成了遇事爱琢磨的好习惯。

温西工区员工李智虎，曾是他结对的徒弟。李智虎所在的工区，油井周边大多是葡萄地，环保要求格外严格，生怕有污染现象发生。在一次巡井中，李智虎发现井口有跑油现象，便像师傅一样动起了脑筋。因为含水上升和间隙出油等原因，油井盘根磨损大，易造成盘根滋漏，而井口一旦滋漏不能及时发现或遇到刮风天气把油吹到地里，就可能造成大面积污染。李智虎对盘根帽进行改装，避免了滋漏后的污染问题，有效解除了生产的后顾之忧。

作为集团公司技能专家，徐志民注重实际操作技能的传授。他结合生产实际编写讲义，把作为一名安全员应知应会的基本技能，都编写在讲义中，帮助学员提高技能。

为了提高员工学习技术的兴趣，增强处理问题的能力，徐志民注重创新培训方法，提升培训效果。一次，在抽油机例行检查中，他发现抽油机地脚螺栓松动，

就带领员工围绕抽油机走了一圈，让员工自己去找问题，学会发现问题。之后，徐志民把这些问题可能导致的后果讲清楚，让员工在潜移默化中受到教育。

为了使操作员工尽快熟练操作，徐志民带领学员跑现场，讲解工艺和设备运行过程中的操作技巧。他用自己的实践经验告诉大家："凡是生产中的难点，都是我们革新创造的重点；凡是生产建设中的问题，都是我们革新创造的课题。每一个人都应争当革新能手、智慧工人。"

2016 年，采油厂建立了以徐志民的名字命名的劳模创新工作室，它被评为自治区级劳模创新工作室。徐志民和同事有了自己的"科研基地"，创新成果不断在这里诞生。

"有难题找老徐，肯定让你满意"

平时，员工遇到问题总喜欢找徐志民。同事都说徐志民"心眼窄"，遇事总过不了那个坎——不把问题解决了，心口堵得慌，总觉得不对劲。

2011 年冬天，徐志民来到红胡站进行安全检查时，驻岗夫妻对他说："徐专家，冬天油井取样太困难，你能不能帮我们想想办法？"看到他们取样时又是用开水加热，又是用铁丝捅，费了老大劲才取出油样，徐志民的心口又堵上了。

油井取样是巡检工的一项日常工作。由于油田冬季室外温度在 -20℃至 -10℃，而取样阀门未安装保温装置，频繁发生冻堵，取样困难，严重影响油井资料录取。每次取样，巡检人员都要用开水浇到取样阀门和阀门短节上解冻。这种方法不仅不能从根本上解决冻堵问题，还大大增加了巡检人员的工作量，存在严重安全隐患。

徐志民决心要把这个问题解决好。他到现场测量、绘图、制作，反复试验，决定重新设计一个装置，改变传统取样闸门的内部结构、安装位置，将重新设计组装好的闸门安装在井口垂直管段上。依靠油井自身液体所产生的热量，对取样阀门进行持续保温，保持阀体一定的温度，从而防止冻堵现象发生。经过连续试验，徐志民终于设计、研制出了油井防冻取样阀。油井防冻取样阀攻克了冬季取样这一难题，不仅在红胡站得到了应用，还在全厂推广使用，赢得一片喝彩声。

徐志民是个有心人，对工作中出现的难题他非但不躲，反而总是想办法去攻克。有一次，他和同事闲聊，听小班巡检工唠叨说井口油壬密封不住，经常漏油，每次巡检光搞卫生就好一阵忙活，不搞又不符合井场生产作业规范。说者无心，听者有意。小班巡检工的牢骚进了徐志民的耳朵。抽油井井口油壬因为磨损，密封不住是很正常的事，可怎么才能杜绝井口跑油呢？为此，他反复琢磨井口油壬工作原理。经多次试验，最后他在井口加装了密封圈，后来再也没有发生过此类问题。

徐志民经常跟同事说：“觉得哪里别扭、不顺手，就说一声。别扭肯定就有不合理的地方，我们一块想办法。”大家在工作上遇到困难总会找他，他每次都潜心钻研琢磨，拿出绝招来对付，当然总是让同事满意而归。

杨义兴

1995年参加工作，现为中国石油长庆油田分公司第十采油厂井下作业工，高级技师、集团公司井下作业技能专家、杨义兴劳模创新工作室带头人。

先后参加了11个油田的开发建设，累计实施油水井措施作业1800多口、维修检泵作业8600多口，创经济效益1.3亿元。近年来，他研制的“加长隔腔式局部反循环打捞筒”等工具先后获得国家专利31项，12件获全国发明展金奖；在国家级期刊发表论文12篇，获得省部级成果27项；他带领的杨义兴劳模创新工作室获评甘肃省石油化学工会技术创新型班组、工人先锋号。

曾获甘肃省十大杰出青年、技术能手、五一劳动奖章、陕西省职工创新示范岗、带徒名师等荣誉称号或奖项。

12.4cm的传奇

武　唯　李彦秋　李浏清

大千世界之于他人，是长的、圆的，是五彩斑斓的；而大千世界之于杨义兴，是直径为12.4cm的井口作业面，是深不见底的黑暗管道。12.4cm是他的世界，高原、荒山与大漠也是他的世界。他说："我这20多年就干了一件事，就是修井。"

12.4cm的管道联通光明之路。2017年，杨义兴迎来他人生的高光时刻，他作为基层党代表参加了党的十九大，这于他是无上的荣光。

修井初体验　挫折是最好一课

修井工有一个别称，叫作"油井医生"，但工作环境和条件却与医生有着天壤之别。工作地点大多在大山深处，周围没有任何后勤保障，一次修井作业往往十天半月，风餐露宿不说，还要忍受酷暑严寒和荒凉寂寞。

1995年7月，杨义兴从长庆油田技工学校毕业，被分配到中国石油长庆油田甘肃陇东油区一个修井小队当修井工，成了一名"医生"。他要上"手术台"了。

那是他参加工作后第一次到现场修井。西北的寒冬，野外气温已经低于-20℃，滴水成冰。他和工友们坐在大解放卡车四处透风的挂斗里，在崎岖的山路上颠簸了20多公里后来到了油井现场。下车的时候，手脚冻得几乎失去了知觉。当看见同事们个个油污满身、灰头土脸，杨义兴的心里不由得咯噔了一下，心也一下子凝成了寒冰。

在井场刚刚干了 20 分钟，杨义兴的衣服就糊得不成形。人拉肩扛几百斤重的油管，沉重的油管压垮了稚嫩的肩膀。再看四周，荒凉的沟壑峁梁人迹罕至，带去的馒头早已冻成了冰疙瘩。他没想到自己将要从事的工作是这么艰苦，环境这么恶劣，绝望的情绪已经蔓延到了脸上。

“没有想到第一次修井带给我这么大的打击。”回忆当初的艰苦，杨义兴感谢师傅的鼓励。师傅不仅为他讲解修井工种的特点和性质，更跟他讲修井人的酸甜苦辣、幸福快乐。慢慢地，他对工作和生活有了新的认识。第一次修井的艰难让他意识到，提高技能水平比用蛮力有价值得多，他决定“曲线”修井，上大学回炉重造。

“井无压力不出油，人无压力轻飘飘。”这是铁人王进喜说过的一句名言。在以后的很长一段时间里，这句话成了杨义兴的座右铭。1996 年，他重新踏上求学的道路，在西安石油学院石油天然气开采专业深造。大学的深造让杨义兴慢慢走出了落寞。

回到油井，他摆脱了软弱，选择了坚守与钻研。每天清晨，当别人还沉浸在梦乡时，他已拿起《修井工程》《采油技术手册》等书籍研读。工作完毕，大家休息了，他却坐在工地上结合当天的实践研究操作技术和方法。为了掌握管钳的正确使用方法，他用废弃的床架当练习抓扣的工具；为了弄清水力锚的结构和工作原理，他专门跑到钻具班帮师傅拆卸工具；为了获取更多的修井技巧和实践经验，他经常替别人顶班，跟着技术骨干学工具使用、井口操作、资料录取、故障分析……渐渐地，杨义兴对机器有了特别的感觉，对机械性能、故障排除等情况都有了自己的见解，对修井有了更深的体会。

功夫不负有心人。1998 年 8 月，在“长庆杯”职业技能比武中，凭借扎实的基本功，杨义兴成为技术状元。

从此，他认定了修井这条路。

再见钟情　成就西北打捞王

经过 3 年多的历练，杨义兴已经不是原来的杨义兴，他开始小有名气，成为很多油井难题的克星。

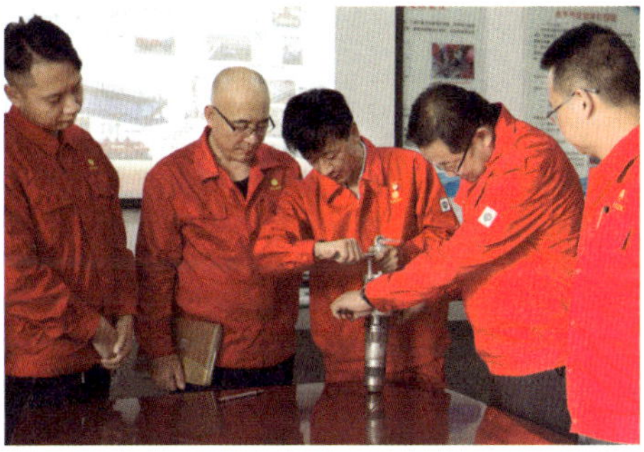

城 35# 井，杨义兴攻克的第一口高难度井。这口井是被众多人判了“死刑”的。杨义兴想挑战一下。于是，十几天吃住在现场，收集大量的一手资料，反复分析：封隔器打捞、油管杆落井、轨封被卡，判断落物状况，苦思冥想、理论推敲、地面实施，各种可能性被他“咀嚼”了个遍。

工欲善其事，必先利其器。根据可能出现的症状，杨义兴研究制作出了工艺复杂的外钩打捞工具，设计好打捞步骤：先打捞油杆和钢丝绳，再通过给滑块捞矛加大直径后带拨钩扶正引鞋，打捞油管。心里过了千百遍，当他有了足够的把握后，大“手术”开始了。在同事们的协助下，井下落物全部打捞出来。就这样，一口日产原油超过 20m^3 的高产井被他救活了。

城 6-28# 井，他发明了抽汲绳连接加重杆连接打捞工具。这口井属于大型复杂打捞作业，现成的工具没有用，必须根据井的特点制定适合的工具。杨义兴是遇到挑战就兴奋的人。分析油井的实际状况，他决定采用抽汲绳连接加重杆连接打捞工具进行施工的方案，此举攻克了施工作业占井周期长、劳动强度大的老大难问题。

剖 11-4# 井，开创了关联井注水打捞法。修井过程中，作业队采用打水泥封层施工，但是 3 次打水泥挤封油层都没有成功。当许多技术专家都在挤封上找原因时，杨义兴另辟蹊径，通过井口认真测压，综合几次施工数据，认定是由邻近高压注水井注水造成的。于是，他建议对关联井停注，在修正了参数后，提高泥浆比重，又采用大排量挤注，剖 11-4# 井一次性打水泥获得成功。

城 47-6# 井，是研发工具最多、申请专利最多的井。油井的问题发生在 670 米深处，油管掉落井筒，由于受重力影响，在井筒中扭曲变形，打捞难度极大。

杨义兴接到抢修任务后，一面到现场调查事故原因，一面制订多套打捞方案，仔细分析铅模痕迹，研究判断井下状况。21 天中，他和队友顶着严寒，现场会诊，自制打捞工具 12 件，成功捞获全部落物。就是在这次打捞作业中，他和队友研发了“全天候母锥”等 7 件打捞工具，是油井打捞作业的首创，创造了在一口井施工过程中研发工具最多、申请专利最多的纪录。

白 252-2# 井

关 134-149# 井

……

就这样，杨义兴战陇东、上内蒙古、进陕北、闯宁夏，足迹遍布 4 省区，先后参加了西峰、姬塬、华庆等 11 个油田的开发建设，累计实施油水井措施作业 1800 多口、维修检泵作业 8600 多口。每一口井都不一样，每一口井都刻在他的脑海里。

在他的修井史上，最难忘的是怀平 6# 井，那是他职业生涯的一个高峰。

地处鄂尔多斯盆地的中国石油长庆油田开采条件极差，属于世界级开发难题。一般开采条件较好的油井井筒是垂直的，但在长庆油田行不通，必须在垂直井筒处延伸出水平段，才可增大油流通道，提高原油产量。

怀平 6# 井处于地下约 2000 米深处，长度 900 多米。2012 年，当钻探完毕后，施工单位不慎将 300 米长的射孔枪、射孔弹碎片以及配套钻具掉落在水平段，先后有 5 个单位打捞了半年多，均以失败告终。专家断言，怀平 6# 井只能做报废处理。眼看投资 3100 多万元的油井就要报废，厂领导最后决定把这一任务交给杨义兴和他的团队。

把 2000 多米以下的碎片状落物，沿着先水平后垂直的方向打捞出来，这在国内并无先例，更没有配套工具。

12.4cm 的井口作业面，是井下维修作业的唯一通道。地下几千米的世界，看不见摸不着。即使是垂直井，一切故障的状态全靠多年的工作经验去分析推理，解决问题非常棘手，更遑论水平井了。

这口井是杨义兴修井以来遇到的最难啃的骨头。已经积累了丰富经验的他，知道问题的复杂程度。杨义兴不敢大意，吃住在现场，天天泡在泥水里，守着井架，一次又一次试验。现有工具不奏效，他根据实际需要，糅合了原有工具的特性，发明出底部带“弹性抓手”的管状打捞工具。

物理学知识派上了用场。一般人可能不太清楚流体力学，但是在修水平井时流体力学却让杨义兴灵感迸发。经过几个月的苦思冥想，他想到了液体可夹带小件落物回流。当这个“弹性抓手”将最后一块碎片打捞上来后，这口濒临报废的中国首例水平井“起死回生”。

从此，“西北大修打捞王”声名鹊起。

精益求精　一生就干一件事

12.4cm 的世界，究竟能看到什么？

母亲看到了儿子的工作艰苦与生活不易。12.4cm 管道分明就是那从头到脚的原油，粗糙的面庞，雨雪再大都无法渗透、直挺挺立着不倒的“盔甲”。

妻子看到了丈夫的担当。几个月不着家，连春节也要修井，严寒酷暑，不断的野外工作，最好地诠释了责任与奉献。

儿子看到了父亲的伟大。党的十九大代表、“西北大修打捞王”、集团公司技能专家、甘肃省十大杰出青年……老师同学们口中的父亲，竟然与平日里的父亲有如此大的不同。

同事们看到了他的精湛技艺与家国情怀。12.4cm 通向了外面那充满诱惑的世界，天价挖人，他却不为所动。

家人和同事们看到的，杨义兴都看到了，但他想到的是，崛起的中国需要石油，开采条件复杂的油矿需要拥有自己的匠人。从刚开始接触时的抵触，到对几千米管道的谙熟，杨义兴已经参透了这 12.4cm 的世界，它值得自己为之奋斗一生。

他行走油田 23 年，先后参加过 11 个油田的开发建设，拥有 31 项国家专利技术，研制出 12 大类 120 多件特色工具。功成名就，但不满足于此，他希望将自己多年的修井经验分享给更多的人。

2014 年，杨义兴大师工作室成立。

“我们从不干闭门造车的事。”杨义兴带着工作室的成员们，每年至少有 7 个月都待在修井现场。一年 12 个月，7 个月守在现场，3 个月出差，剩下的两个月总结。

工作室让杨义兴有了更大的施展拳脚的平台。

2014 年 5 月末，在陈平 22-8# 井机械找水作业的新工艺实验过程中，第一组合抽汲完起钻时出现双皮碗封隔器卡钻的意外情况。在处理过程中，既要保证管柱安全，又要在射孔段极不规则的情况下做到精准卡封。技术要求高，工作量大。面对诸多困难，杨义兴和工作室成员日夜蹲守在施工现场，认真了解相关资料，准确录取数据，详细分析原因，最终制定了严格掌控上提负荷，同时从套管灌水以平衡井筒压差的施工方案。

随着水平井桥塞堵水技术逐渐普及，桥塞打捞技术也必须要全面跟进。工作室成员及时收集不同厂家的桥塞类型，拆卸之后进行全面整理，深入分析，共同潜心研究制作出了结构简单、操作方便、适应性更强的“八瓣卡瓦打捞筒”。先后在怀 46-43# 井、川平 10-11# 井等 5 口井桥塞打捞作业中应用，打捞均获得全部成功。

为解决水平井冲砂效率慢、效果差的难题，杨义兴决定在陈平井进行水平井螺杆钻破胶冲砂新工艺技术试验。他和同事认真查阅该井井史资料，勘察井筒情况，制订方案。正值严寒时节，冷风迎面扑来，拍打着每个人的脸。由于地层压力大，井筒内的液体不断涌出，洒在工服上，便形成了冰粒；洒在地上，便结成了厚厚的冰块。经过不懈努力，冲砂工作顺利完成，新工艺试验摘得了较以前水平井冲砂效率提高 3 倍、冲砂液漏失不到前期水平井冲砂漏失量 1/3 的丰硕成果。

为解决水平井冲砂磨钻作业“冲一根，提一根，下一根”费时费力且存在井控风险的难题，工作室对项目计划、实施方案和关键工作节点的制订，都在充分实地调研的基础上进行。用了不到两个月的时间，他们研究制作成功了水平井冲砂作业特殊工具，在 35 口井的实际应用中，最快磨钻进尺 695.63m，极大提高了施工效率。

在大斜度井中，抽油杆偏磨，造成部分井抽油杆扶正块覆盖于鱼顶上部。工作室利用业余时间聚集在一起，发挥各自专长，对项目发起总攻。经过3个月的设计、制作和反复试验论证，一种新型加长隔腔式反循环抽油杆扶正器打捞筒终于研制成功，彻底解决了大斜度井抽油杆扶正块难以打捞的问题。

一次次的实战，杨义兴带领工作室自主研制、改进修井工用具、设备设施，研制了“三级沉降循环大罐”“修井用防上顶装置”“修井现场工业用电安全防护装置”“BJ-18固定井架液压提升系统”“XT-12通井机液压系统改造”等现场实用技术;针对Y441封隔器卡钻处理,钻研出了液力平衡法解卡新技术等新型工具、技术。不到4年的时间里，工作室研制出了“捞、磨、钻、铣、套”等12大类120余项特色工具，其中31件取得国家专利，58件拥有自主知识产权，解决了1230多口井的大修打捞、井筒处理等疑难杂症。

忙里偷闲，杨义兴把这些创新凝聚在一本本书里，让更多的人看到。他先后参与编写了《中国石油天然气集团公司井下作业工技能鉴定》教材及试题库、《长庆油田井下作业操作手册》《井下作业事故案例汇编》《井下作业数据手册》等多套实用书籍，获公司级以上创新成果40余项。

20多年践行工匠精神，专注修井这个行当，杨义兴和他的团队创造了打捞史上的很多奇迹。他用历久弥新的匠心、始终如一的坚持，把修井做专、做精、做透、做到极致。

2017年，他被推选为党的十九大代表。他说，这不仅仅是他个人的荣誉，更是全体石油人的荣誉。

面对数不过来的荣誉，杨义兴轻描淡写地说:“我始终认为自己就是个修井的，也只会修井。离开油井，我什么都不是。”

谭文波

1992 年 8 月参加工作，现为中国石油集团西部钻探工程有限公司试油公司井下作业工具工，高级技师、集团公司井下作业技能专家。

获得发明专利 4 项，实用新型专利 8 项，小改小革和创新成果 80 余项，为企业创收效益近亿元。

曾荣获全国五一劳动奖章及全国最美员工等称号，是石油石化行业进入中央电视台《大国工匠》的第一人。

西部神“探”谭文波

武　唯　李彦秋

谭文波是个爱琢磨的人。琢磨机器，琢磨工艺，琢磨问题，冰冷的钢铁物件，在他琢磨中一点点软化。

他说每台机器都是有生命的，只要看见它们，听到它们，他都能感受到它们的温度与脉搏。不管机器虐他多少遍，他待机器如初恋。再高傲的机器，在他的“软磨硬泡”下，也会“臣服”；再倔强的零件，在他的勤学多思下，也会被拆解；再复杂的难题，在他的反复钻研下，也会被解决。

在中国石油西部钻探工程有限公司，技校毕业的谭文波，是全国五一劳动奖章获得者、全国最美员工，是个名副其实的神“探”、大“磨”王。

桥塞坐封　成就业界神“探”

大漠戈壁，人迹罕至。野外工作加剧了人的孤独寂寞。

香烟战胜不了孤寂，烈酒也调剂不了荒凉，谭文波寄情于“捣鼓”东西。他的工作室里陈列着很多精美的工业设计品，这都是他利用工作之余的闲暇时光“折腾”出来的。其实这些小物件也就是“辅料”，真正让他名满西部的是 20 多项创新专利，最出名的就是桥塞坐封。

石油开采中试油测试，根据地质年代的不同层位来进行分层测试、分层采油、分层压裂等，都需要利用桥塞完成封隔，从而取得地层数据。正确评价一个油气田，可为下一步勘探开发提供指导依据，同时验证前期对工程地质的认识。

2012 年，桥塞封隔仍采用火药和雷管等传统火工品为动力源。要对一口井实施操作，必须有 3 个人同在现场才能领取到爆炸材料，缺一个人工作就无法继续。随着开采油层越来越深，超深、超温、超压的三超井越来越多，已经发生过多次火药感度不稳定、电缆绝缘异常、泥浆压力控制不稳造成的作业失败事件。失败的原因是火工品作业方式有问题。要解决这个问题，必须开发新动力源。

谭文波想试试。班组讨论后将课题上报公司，项目很快确立下来。但他没有想到，兑现这份承诺，用了两年，甚至要冒着生命危险。放弃火工品采用液压动力，需要重新设计一套与之匹配的做功机构。凭着多年的工作经验与知识积累，查资料、拆解现有设备，反复琢磨了近 4 个月后，谭文波亲手研制出第一代以电能为动力的新型桥塞坐封工具。它能否完美地替代火工品？谭文波心里没有绝对把握。随着时间的推移，他的压力越来越大。如果失败，于公，大量的科研经费付之东流，影响团队完成目标产值任务；于私，心思敏感的他，怕别人笑话。因此，看着自己近 4 个月的心血，他决定悄悄试验，要用严格数据检测判断新桥塞坐封的生死，成败独自承受。

2013 年初春的一个周末，天气依然很冷。趁着工厂休息，谭文波带着设备来到厂里。他知道此次试验的重要性，但也知道此次试验的危险性：液压设备的密封钢体材质一旦存在瑕疵，随着压力增加，便会发生如同压力容器爆炸的事故，70MPa 下、拉断力是 30t，一旦爆炸碎片飞出，杀伤力堪比子弹，会将钢板射穿。做试验的人如果被击中，可能会有生命危险。

谭文波豁出去了，桥塞坐封能否验证成功在此一举。为了将危害降到最低，谭文波把试验选在周末。单位没人，如果发生事故死伤就自己一人，不会殃及他人。谭文波让门卫远离试验场地，在隔离墙后面观察自己，而且保持大门敞开，并嘱咐一旦出现什么意外，直接拨打 120 求救。当一切安排妥当后，谭文波启动了装置。随着压力一点点增加，时间仿佛凝固了，他紧张地瞪大了双眼，额头渗出了汗珠。30MPa，50MPa……当压力增加到 70MPa，装置安然无恙！成了！兴奋之中，他赶紧将拉断力、桥塞密封前后等的数据收集起来。

艰辛的努力终于有了结果。他把队友吆喝了过来，开香槟庆祝。2013 年 6

月 1 日，新型工具第一天上井。作业成功，效率有了很大提高，谭文波心里别提多高兴了。第一代桥塞坐封诞生了。

桥塞坐封在油井上操作，会触及液压泵、密封原件，容易出问题。现场推广不久发生的一起液压泵密封失效事件，促使谭文波对设备进行升级，把机器改版成“傻瓜相机”，使作业便捷高效，现场实用、适用。一个又一个夜晚熬在厂房里，钻库房、跑现场，终于，新型桥塞坐封工具的改进工作顺利完成。在新疆各个油区近 40 口井应用，取得 100% 的成功。

历时两年，桥塞坐封彻底改变了传统工艺，神“探”谭文波誉满西部。

“磨”洋泵　“探”出中国技工水平

从十几岁开始与机器打交道，谭文波阅器无数。不管什么样的机器，经他一鼓捣，总能琢磨出名堂来。他或许难以用语言精准描述机器的优缺点与问题所在，却对机器的脾气摸了个透。不但国产机器没有问题，国外的器械即使被生产国技师判了死刑的，也能在他的手里起死回生。

德国制造世界闻名，能维修好德国机械是很多技术工人梦寐以求的事情。

第一代桥塞坐封工具完成一次作业保养时，一个误操作导致了液压泵失灵，不工作了。当时已经是夜里两点，连夜抢修，问题仍然得不到解决。看着静止的液压泵，施工人员们面面相觑，谭文波的心里更不是滋味。“这一台价值 4 万余元的液压泵，是德国纯手工打造的，短时间内很难修好。”回忆当初，谭文波仍然心有余悸。

联系德国供货商，再购买一个泵机需要 3 个月的等待期。自责的紧箍越来越紧，谭文波不敢大意，立即上报公司。他忍不住内疚，对队友说：“是我的失误导致了工具损坏，影响了项目进度，责任我来承担，太对不起大家了。”为了不耽误项目进度，他决定用自己的工资购买一台新泵。他的“赎罪”行为被公司经理王新河知道了，王新河及时制止了他而且鼓励他带领研究团队继续开展创新。公司的信任理解与支持让谭文波更过意不去，下决心要把这个坏了的泵救活。于是，他一遍遍地与中间代理商沟通商量。诚意打动了供货商，为此专门请来了德国技师帮忙诊治。这位 50 多岁的德国技师，从 18 岁开始从事液压设备的维修改造，经验丰富。当他检查完后却说，已经无法修复了。不疯魔不成活，谭文波不信这个邪，决定死磕到底。他就跟着了魔似的，打开他的宝贝工具箱，成天守着泵。液压泵最害怕泄漏。经过十几天的排查，谭文波确认泵的内核没有问题，导致泄漏的罪魁祸首是涂层损坏。怎么解决呢？大厂子不愿意接单，由于德国进口的泵价格昂贵，怕修理出新的问题。谭文波不愿意放弃。20 天过去了，涂层厚度低于 0.02 微米镀铬覆盖在了泵的表面。泵又开始工作了。

被德国专家判了死刑的泵恢复了运作。在洋泵面前，谭文波展现了中国技师应有的风采。事实上，这不是谭文波第一次与德国制造打交道。

2008 年，公司的一辆装载德国进口液压系统的电缆测井车的液压泵出现故障。供货商服务站检查说只能更换新泵。但是更换新泵耗时需半年之久，而且需要 70 多万元！每耽搁一天，油井就不能继续工作，经济损失巨大。

当时身在克拉玛依的谭文波听说了此事，直接搭车去了塔里木。经过仔细观察，他发现是泵的分配阀出了问题。知道了问题出在哪里，谭文波想看看自己有没有能力维修这个德国泵。没有吱声，他在厂房里“窝”了整整 3 天，查阅了大量资料，通过一个巧妙的办法唤醒了不工作的分配阀。故障排除了！

谭文波修好了外国泵！这件事情在当地引起了不小的轰动，也让很多人认识了谭文波，也让他更有底气面对各种疑难杂症。

“磨”创新 “探”求绿水青山

常规的油井抽汲求产施工中，防喷盒密闭不严，抽出的油水会飞洒井场，造成严重环境污染，而环保处理的费用非常高昂。随着国家对环保重视升级，公司迫切需要解决原油喷溅的问题。

2017 年 6 月 28 日，由谭文波主导研制的新型环保抽汲防喷盒在百 34# 井进行首次试验。出油了！方罐有人大声喊。看着自己做出来的新型防喷盒矗立在数米高的防喷管上静若处子，谭文波紧缩的眉头慢慢舒展开来……

10 天的鏖战历历在目。

2017 年 6 月 19 日，谭文波接到任务，当时他刚从成都回到单位。而 10 天后他还要去北京。3 天 3 夜，他吃住在工作室。先后试了 4 种方案，均被自己一一否定，神经高度紧绷的谭文波感觉脑袋都快炸了。

6 月 22 日凌晨 1 点，夜深人静。他站在厂房门口大口大口地抽着闷烟，脑子里一直在盘旋这防喷盒与抽汲绳如何实现完全动态密封的问题。

生于四川的他鬼使神差地想到了都江堰水利工程，而灵感瞬间迸发——围堵不行，疏浚可否？他打开厂房灯、启动电焊机连夜开始加工。又是 3 天 3 夜，他经过不断试验、改进，一个新型抽汲防喷盒出炉了。

6 月 27 日，谭文波在厂房做新型防喷盒的试压和动态模拟试验，一切参数合格后，他长舒一口气。

6 月 28 日，百 34# 井。这是新型抽汲防喷盒首次应用现场。随着抽子的快速上提，紧盯着防喷盒的谭文波心提到了嗓子眼。尽管室内试验成功了，但现场才是大考。

结果，考试成绩优秀。10 天的时间，弹指一挥。在匠人谭文波看来，这样的日子是累的，也是最值得回味的。

抽汲人员喜爱这个新的环保设施。有人这样评价这个新型抽汲防喷盒：结构紧凑，操作简便，丝毫不增加原防喷盒尺寸，可以更好地保护好绿水青山。

“磨”生活 “探”出家国信念

“比起穿着西装站在台前领奖，我更喜欢穿着工作服在我的工作室里捣鼓破烂。”谭文波是个憨厚耿直之人，更是一个有信仰的人。

当年，他的父亲脱下军装当上了石油工人。父亲的艰难经历让他难忘。1990年考上了技校，就因父亲一句："年轻人，就应到边疆去，到祖国需要的地方去！"本来可以到青山秀水的四川，他却选择了茫茫戈壁，来到新疆。他没有想到，一个人在野外，方圆几十公里杳无人烟。晚上躺在房子里，狐狼的尖叫声，风的呜咽声，简直在挑战人类的生存极限。有些人工作一年就打道回府了。谭文波不愿在父母面前认怂，咬着牙留了下来。

尽管工作环境恶劣，动手能力很强的他找到了工作的乐趣。手工制作各种小工艺品，还与同事一起组成兴趣小组，研究工作中遇到问题，搞创新攻关。尤其是桥塞坐封获得成功之后，在社会上引起了很大的反响。谭文波有了真正意义上的成就感。

这份成功引得国外公司专程从上海赶来与他谈判，希望用200万元购买专利。当谭文波回绝后，对方提出以送他儿子出国读书为条件挖他，虽然很心动，但他还是拒绝了。他说，人不能没有良心。"说到底是因为我的背后有国家、企业、同事、家人的支撑，所以才成就了今天的我。"谭文波没有辜负身上穿的那身中国红。

因为这件事情，儿子失去唾手可得的机会。已经过去3年了，谭文波仍然觉得很对不起儿子。为了表达歉意，他特意制作了一个短片，通过人生寄语的方式给儿子讲责任心、讲国家信仰，也诠释什么是敬畏、什么是精神传承。"孩子理解我，没

有责怪我。”谭文波说，他的技能种子也在孩子身上生根发芽。“儿子 10 岁的时候，在我远程电话的指导下就能修好闹钟。现在他刚大三，就已经获得学校的科技奖项。”

国家精神在这样的家风中传承，这样的匠人匠心令人敬佩。

“磨”岁月 “探”究万物之灵

万物有灵。不管是新设备还是旧机器，不管是钢材还是聚酯材料，在谭文波的眼里，没有废物，只是还没有找到可以使用的地方。这种想法，一方面与过去物资匮乏时代形成的生活习惯有关，另一方面与他的亲身经历有关。

谭文波与机械有过命的交情。1996 年 7 月彩南油田开发，彩 35# 井进行提下管柱。当时遇到高压天然气流，他预感到井内 200 多米油管会被井喷带出。但是，他的双眼已经被泥浆喷射，完全看不见了。就是凭借熟谙每个机器的位置，他滚到一号岗旁边的方罐夹缝之间，方罐保全了他。

工作 20 多年，匠人谭文波视每台打过交道的机器为战友、兄弟。2000 年购置的电缆测井车废弃了，就停放在厂里。每次谭文波经过那里，耳边就会响起声音。他说：“它是有情感的，虽然退役了，但到今天，我仍然能听到它的心跳声，那是属于它的独有的声音。”退役了的机器公司要统一安置，但是谭文波会把机器牌照留下来，放在他的工作室里陈列着，做纪念。

他爱机器如命。在他几十平方米的工作室里，桥塞工具井下工具样品，各种各样的加工机械琳琅满目，还有塞满边边角角的各种废旧零件，都是他的挚友。对机器的这份情感，促使他将各种废旧物品都收集起来进行“器官移植”再创造，赋予它们新的生命，磨制出一个又一个专利和科研成果。

2009 年，公司电缆测井车提升系统发生故障，他利用废旧材料修复了。

2010 年，他对传统井下工具利用闲置材料加工改造，新增打捞功能，使通井与打捞碎块同时进行，提高了作业效率。

2011 年，他试验成功电缆铠接技术，把报废电缆中能用的部分截取下来铠接后投入生产。当年试油公司利用这项技术 46 井次，节约了 130 万元。

……

智者创物，巧者述之，守之世，谓之工。百工之事，皆圣人之作也。承圣人制作，谭文波在雕琢中求变，用他的双手追求完美和极致。

孙连会

1984 年参加工作，现为中国石油华北油田公司第二采油厂井下作业工，高级技师、集团公司井下作业技能专家。

先后主持完成 194 项创新成果，取得省部级创新成果 16 项，140 项得到推广应用。申请获得 106 项授权专利，其中 5 项发明专利，累计创效 6700 余万元。

曾荣获河北省第三届能工巧匠、中国能源化学工会首届加油中国 · 传承铁人优秀人物、河北省第五届金牌工人及五一劳动奖章、河北省首届河北大工匠、全国五一劳动奖章等荣誉。

“月创一新”的“专利大拿”

赵祥昆　杜洪波　孟旭彪

2018 年 4 月底，喜讯传来，中国石油华北油田采油二厂孙连会荣获全国五一劳动奖章。

得知自己获奖，孙连会思绪起伏。从一名普通井下作业工到荣誉等身，34 年奋战在作业一线，孙连会完成了对自我的不断超越，达到了“月创一新”的惊人创新速度。

有一流的能力，干一流的业绩，做一流的贡献。这是孙连会对自己的要求，现在他仍在追求一流的道路上不断前行。

“你来不及想别的，必须跟着上”

1984 年，19 岁的孙连会从华北石油管理局技工学校井下作业专业毕业，被分配到华北油田第二采油厂作业三队，成了一名井下作业工。

业内早有流传：“钻井苦，油建累，又苦又累作业队。”真正干起来，孙连会才知道这句话的含义。大冬天起油管，搞得一身油、一身水，慢慢还会结上一身冰，100 多根油管起完，全身都冻透了。

年轻的孙连会知道苦也知道累，但他没有怨言。当时三队的老职工，一批是从大庆油田支援过来的，一批是部队转业人员。他们给三队带来了大庆的吃苦耐劳精神和军人服从命令听指挥的坚定意志。油污危险面前没有人退缩，甚至赶上喷油时，队长会带头往井口上扑。“你来不及想别的，必须跟着上！”孙连会说。三队的这两种精神影响了孙连会的一生。

很快，孙连会融入了集体，脏、累、苦、险跟着往前冲。老职工逐渐对这个年轻人刮目相看，认为这个小伙子，行！仅仅半年，孙连会就当上了副班长。

随后，孙连会靠着他的踏实和聪明劲，干起了作业机操作手。井下有两名井口工和两名场地工，作业机操作手手里握着他们的几条命，需要非常细心，不能有丝毫闪失。在老师傅的指导下，孙连会仅用不到两个月就可以独立顶岗，一小时能下 80 根油管了。

孙连会的业绩大家看在眼里。1987 年，参加工作没几年的孙连会就被评为二厂的先进工作者。就这样，孙连会在操作手岗位上一干就是 4 年。

1990 年，孙连会当上了队里的办事员。在外人看这是“美差”，因为办事员上大班，不用上夜班，生活规律，而且主要就是整理整理资料，给队员发发工资，属于轻松工种。但孙连会不这么想。技术上他不比别人差，职业上他还想进步，他希望走技能之路。

“难道咱们自己就没有办法来改变吗？”

在办事员岗位上，孙连会一干就是 10 年。到 1999 年，孙连会 34 岁，已过了而立之年。在技术上能出成绩的最好 10 年，他在办公室度过了。正是这时，他的机遇来了。

由于当时经营环境差，油田工人需要外出挣劳务收入。孙连会有技术底子，被派到沧州出劳务。本以为能重回操作工岗位大显身手干一番，却不想，10年过去，他的手已经生了。

在一次给油井摆驴头的操作中，调整方向时，孙连会没有将抽油机摆到位。虽然只是一点不规范，但抽油机运转时产生了异响，行内人一下就能听出来。这次小事故深深刺激了他，再不苦练技术不行了！

孙连会下定决心，勤学苦练，考高级工。平时操作中注重规范要求，工余时间，全部拿来看书学习。一定要把荒废的 10 年补回来！

2001 年，孙连会考取了高级工资格证。然而，孙连会的高级工资格，在同期进油田的 7 个同班同学里，已经可以忽略不计了。7 人中，当年已有 3 个科级干部，2 个队长，2 个工人（其中 1 人因公殉职），孙连会成了垫底的。

长期的焦虑，让孙连会几乎到了抑郁边缘，失眠成为他每天要克服的障碍。

2002 年，他从外面施工回到采油厂。有一天，本大队的靳占忠师傅上井检修小队液压钳。两人相遇了。工余闲谈中，孙连会将自己的苦恼说给靳师傅。

靳师傅抽着烟，认真听孙连会倾诉。等他说完，靳占忠掐灭烟头，目不转睛地盯着孙连会说："为啥光想到逃避呢？难道咱们自己就没有办法来改变吗？"这一句话震醒了孙连会。

靳占忠 1993 年就荣获全国五一劳动奖章，是中国石油第一批高级技师，后来成为集团专家、全国劳模，在技术创新上特别有一套。孙连会决定拜靳占忠为师，不能再等下去，要重新开始！

孙连会在靳师傅的指导下找到了自己徘徊不前的原因：没有目标，态度散漫，放纵自我。要有突破就必须从这几方面改变。

2004 年，孙连会有资格考技师了。从那年 1 月 1 日开始，孙连会闭关攻考试题库。身边同事黄树跟他同时进厂，却早已是高级技师；杨振涛比他小 8 岁，2004 年就是河北省技术状元。他们都是孙连会的老师，操作上不懂不会的，他向他们没完没了地请教学习。就这样，当年，孙连会一次考过技师。技术上逐渐补齐了，孙连会跟着师傅逐渐走上创新技改之路，并逐渐形成了自己的理念和风格。

“月创一新”打破专利神秘

修井作业现场，脏的问题存在了几十年。“起油管一地水一身油，夏天油汗冲进肚脐眼，冬天黑盔黑甲只牙白”，这是孙连会的切身体验。

一想到这样的情景，孙连会就按捺不住激动，就想起靳师傅说的：难道咱们自己就没有办法来改变吗？必须改变！

起带液油管时，污染是最严重的，油管上口又是重中之重。上提油管便会溢流，油水像下雨一样飞流直下，这样的污染必须控制。但采用丝堵控制，太沉，频繁使用太累人，且泄流不连续耗时也长，国内同行业还没有专用工具可借鉴。

2005 年，孙连会用塑料油管护丝改装了一种“油管堵头”，2007 年升级为“轻便丝堵”，2008 年又研制“油管控流器”，使空中溢流的控制效果逐渐向好，但始终没有彻底解决连续泄流的问题。

直到 2014 年夏初，孙连会运用 QC 手段，通过头脑风暴法、亲和图、理论筛选、试验验证等方法，终于优选出压差型油管上口防污控流罩，自动正压封闭、负压开启，连续泄流问题终于解决。

孙连会相继完成了《消减井下作业施工中的污染源》《削减抽油杆起下作业中的污染源》等多个课题，攻克了环保起下管、杆作业中的几个关键难点，取得集团公司 4 个一等奖及“全国优秀质量管理小组”荣誉称号。这也创造了华北油田的一个获奖纪录，至今未破。

2017年，雄安新区成立。采油二厂岔河集地区油田位于新区核心地带有400多口油井，环保要求高。孙连会的技术攻关，让油田提前解决了污染隐患。

说起专利申请，孙连会一开始也是想碰碰运气而已。2010年，孙连会将自己的创新成果一次申报了6项专利，他想着能成一项也好啊。没想到的是，6项申报当年都授权了！这对孙连会是一大激励，他又申报了5项。2011年，这5项又全部申报成功。

这一下，专利的神秘彻底被孙连会打破了。而他申请专利的劲头也收不住了。截至目前，孙连会已经有106项授权专利，其中有5项发明专利。8年算下来，平均每月都有专利，达到了“月创一新”。

一个人总要给自己所从事的行业留下点什么

修井作业现场使用的油管重量一般在90千克以上，有的甚至超过140千克，单班下管正常情况下在200至400根之间。频繁的高强度操作，使岗位人员腰颈部易形成疾病。

不仅劳动强度大，而且单吊环、挂井口、高空落物、液压钳咬手的伤害风险高。井下作业的现状没有办法来改变吗？2011年，项目经理谷全福大胆构想了井口无人操作方案，孙连会等人是主要实施人。

孙连会记得谷全福的一句话：“一个人总要给自己所从事的行业留下点什么。”这也正契合了孙连会的诉求。

项目初期，孙连会主要负责液控油管钳就位装置和机械臂可调式基座的研制。他起早贪黑，历经一个半月制成样品并验收合格。项目中期合成试验，发现推拉机械手的吊环控制功能不达标，孙连会又参与了这个子项目的紧急攻关。

8天里制作样品3套，三伏天，时间不等人，还管啥中午不中午，还管啥到不到38℃。孙连会操作修井机反复试验300余次，终于对比确定了轨控内斜弯隐簧对拉型为最佳方案，确保了项目按计划进行。当年9月，顺利实现井口无人操作、90秒起下一根油管的合同目标。

2015年底，孙连会从即将退休的谷全福手里接过“远程电控井口油管控污装置”主研重担。方案久久难以确定，2016年春节放假期间，孙连会冥思苦想，酒不香菜无味，如坐针毡。

初五傍晚，孙连会偶然看到侄女正解一道长方形变化平行四边形的数学题。猛然间，平移四方体组合两瓣控流器的方案突现脑际，孙连会连拍着巴掌，口里喊“嗨、嗨、嗨”，不理会家人追问，立马跑到阳台上给谷全福打电话，方案得到了他的首肯。

该项目 2014 年获评华北油田公司技术发明一等奖，2015 年初获评中石油自主创新重要产品，2016 年开始定量生产。中国工程院院士韩大匡评价该项目“总体技术具有国际先进水平”。

新时代的工人要有新时代工人的美

一个作业工要有一流的能力、一流的业绩、一流的贡献。这是孙连会对自己的要求，也是对徒弟的要求。

现在，孙连会已经是集团级专家，帮助指导45人成为技术能手、创新骨干。其中，陈辉、王铁峰2人成为油田公司技能专家，杨振涛、张海龙等8人成为公司技术能手或高级技师。

言传无所留，身教无所厌，是他带徒弟的原则。孙连会将所知所学所感无保留地教授给了徒弟。

早前，比孙连会小8岁的杨振涛是他的师傅，现在孙连会是杨振涛的师傅。“连会身上有一种精神，敢创新、能创新，这是我要学习的。之前我比他早进步一点，现在他远远超过了我，他就是我的师傅。”杨振涛说。两人互为师徒的故事已成佳话。

孙连会的创新路还在继续。他要靠他的创新，改变石油工人一身油污的旧有形象。“那个时代过去了，新时代的工人要有新时代工人的美。”孙连会笑着说。

姜涛

1996 年 8 月参加工作，现为中国石油吉林石化分公司乙烯厂乙烯装置操作工，高级技师、集团公司乙烯装置技能专家。

自工作以来，参与吉林石化 70 万吨乙烯改扩建工程等重大项目，参与乙烯回收压缩机 C4201 扩能改造等 10 余次技改难题攻关。

曾获吉林石化公司特等劳动模范、吉林石化公司优秀共产党员标兵、吉林石化公司首届十大金牌工人、吉林市有突出贡献的中青年人才、吉林省岗位创新能手、吉林省首席工人技师、吉林省技术能手、吉林市五一劳动奖章、吉林省特等劳动模范、吉林省技能大奖、全国五一劳动奖章等奖项或荣誉称号。

舞起化工“龙头”的“金牌值班长”

李浏清

乙烯，被称为“工业食粮”，以其为原料可裂变出上百种工业产品，而乙烯装置则是化工生产的“龙头”。

在中国石油吉林石化公司乙烯厂，有一位技艺精湛的“舞龙人”——乙烯车间化工五班值班长姜涛。从风华正茂“舞”到不惑之年，从普通工人“舞”成劳动模范，姜涛坚守乙烯装置岗位22年，甘之若饴，初心不改，始终要求自己保持“五星级”的工作标准，把乙烯装置的“龙头”舞得风生水起。

从“技校生”到“活流程”

1995年，吉林市龙潭山东麓，投资200亿元的吉林石化年产30万吨乙烯装置及其配套工程正在热火朝天地建设，备受瞩目。就在千米之外，引擎的轰鸣声传入校园，激荡着一位19岁青年的心。

“毕业了，我要去那个地方当工人！”姜涛的思绪已经飘向那片闪动着银光的钢铁林莽，“乙烯是衡量石化企业实力的标志，干化工就得挑顶尖的干！”

这一年，姜涛从吉林市石油化工技校毕业，作为优秀毕业生享受到自选车间的待遇。于是，他大步流星地走进了乙烯车间。

当时，30万吨乙烯工程初现曙光，正值决战阶段。然而，无论拼学历，还

是论资历，初来岗位的“技校生”都得“靠边站”。短暂调整适应后，骨子里有股犟劲的姜涛给自己打气：要当就当最好的工人！

乙烯装置的科技含量为化工之“最”，物料活性大，工艺流程复杂，操作条件苛刻，塔、罐、阀、仪表密布，管网纵横交错、千回百转，高温达 1200℃，低温达 -165℃，压力达 13.2MPa，有 95 个单元模块、3374 条仪表控制回路，稍有不慎，便可能发生自动连锁导致生产停车，造成几十万元甚至上百万元的经济损失。

“只要别人会的，我都要会！”血气方刚的姜涛并没有惧怕眼前的“庞然大物”。

刚上班时，姜涛负责的是最简单的“碱洗”岗，但哪个岗位有活儿他都要跟着去，抢着干。披星戴月回到家中，他顾不得一身疲惫，在书桌前埋头用功，如饥似渴地啃原理、背规范，将点滴知识深深地刻入记忆。找不到大开纸，他从墙上摘下3本铜版纸大挂历，在背面密密麻麻地画满流程图。白天，趁着4点班、零点班和节假日等现场人少的时候，他再对照记录下的问题，溜管廊，查阀门，释疑解惑。人称“塔王”的丙烯精馏塔高达80多米，他爬上爬下，直到所有细节了然于胸。

人生在勤，勤则不匮。凭借对装置、工艺入脑入心的理解与感悟，几个月后，姜涛在乙烯装置的“心脏”地带——三机组压缩岗位上能独当一面了。

迈出事业第一步后，机会和荣誉接踵而至：1997年，姜涛被选为车间副班长；两年后，他一口气通过10个岗位的严格考核，以“大满贯”的成绩成为车间首位“五星级”操作员，从副班长晋升为班长；2000年，他又当上了副值班长；2003年，他成为乙烯车间成立以来最年轻的值班长。仅用短短8年，“光速成长”的姜涛便掌握了当时国内最先进的乙烯装置全流程操作技术，自己入厂时所立下的志愿已经实现。

“累不是压力，如果不让我干活儿，急活儿难活儿我干不了，才会有压力。”回忆来时路，姜涛的言语中透着云淡风轻。重任在肩，他明白：前方，还有更大的挑战在等待着他。

技高人胆大的“救火队长”

舞龙先舞头。在石化行业，能从容驾驭“巨龙之首”的人更是高手中的高手。

“要说走过的‘鬼门关’，那可真是太多了！”姜涛感叹。

在车间，姜涛是公认的“救火队长”与“扫雷专家”。在处置险情的关键时刻，现场总有这位值班长的身影。

2006年7月，清早6点，透过朦胧曙光，班组操作员发现乙炔火炬管线存在亮点闪燃，马上将反常情况向姜涛报告。意识到问题严重，姜涛立即带领两名操作员跑向半山腰。气喘吁吁地站在火炬脚下，他抬头观察，发现火炬顶端法兰口泄漏，像焊枪般喷射出高温乙炔火焰，吱吱作响。一旦法兰口烧断，乙炔大量外泄，后果不堪设想！

姜涛冷静指挥操作员开大火炬末端氮气，自己爬上10多米高的火炬顶端泄

漏处，用蒸汽灭火。可蒸汽一撤，火苗再次复燃。千钧一发之际，他急中生智，撬开泄漏处保温层，把蒸汽管线插入进去直对法兰口喷——火终于被扑灭了！

车间刚组建那一年，有天姜涛正跟车间主任在现场巡检，突然发现正在充液的反应器法兰发生物料泄漏。他穿戴好空气呼吸器，在往装置外飞奔的人流中勇敢“逆行”。来到装置下，他身手敏捷地爬上 20 米高的管架桥，把泄压阀打开，再跳到反应器上，用氮气充填置换，险情立即得以有效控制。

事后有人问姜涛：“这么危险，你还敢往上冲，不怕？”姜涛满不在乎：“工艺流程和介质特性都在心里过了一百遍了，还怕这个？”

在领导和同事眼中，姜涛还是名副其实的“技痴”。

“他非常有责任心，休假回来的第一件事是就是查阅生产记录，如果看到生产波动就会找岗位班长询问。”与姜涛并肩作战 20 多年的老伙伴，乙烯车间主任饶东臣对他这个工作细节记忆犹新。

2017 年 12 月，刚休完假的姜涛在值夜班时翻看生产记录，发现连续几天新碱消耗量异常，超出以前许多，而装置的负荷和原料中酸性物质的含量却都正常。他敏锐地意识到，出问题了。

经过细心查找，姜涛发现碱线隐蔽处的导淋有泄漏，他马上采取措施处理，又回控制室再次比较、确认碱罐液位趋势，为车间消除了一大隐患。

随着时间推移和工艺进步，乙烯厂许多老设备已无法满足生产需求，姜涛希望通过技改革新，优化装置运行水平，让“老龙头”焕发青春。

夏天，烈日炎炎，姜涛看到班组里的小伙子们守着压缩机出口冷却器，为负荷上不去而着急上火，还要用水龙头给压缩机出口冷却器淋浴降温。

“何不再增加一台丙烯压缩机冷却器，提高系统制冷能力？”姜涛的建议得到了领导和技术人员的赞许。车间经过仔细研究，采用了这一方案。

仅 2017 年，姜涛便为企业创效 200 余万元。在攀登技改巅峰的道路上，他从未止步。

平时上班，姜涛都会主动放弃午休，坚持到现场巡检。近千米的路线，上千个测量点，一趟走下来就是 70 分钟。他一搭眼就知道每条管线的走向、温度、压力和物料，辨别哪里有问题，原因在哪里。

从业至今，姜涛一直保持着随身携带小笔记本随时记录问题的习惯，目前已积累了 20 多本。

初心不改带出“精英团队”

2016年8月6日19时，正值班的姜涛通过摄像头看到外面天色渐暗，急冷塔顶温、裂解气压缩机吸入罐液位开始下降，等待着提负荷的最佳时机。

“各岗位注意，准备提负荷。裂解岗位，提两吨。”姜涛发出指令。

裂解岗位内操开始操作，其他岗位内操观察各岗位参数变化，外操在现场查看有无异常。

大约40分钟后，参数平稳。

“再提两吨。”姜涛继续下达指令。

……

直到第二天0点15分，姜涛告诉各岗位停止操作，做好交班准备。

“夏季高温，为保障安全和生产工艺，乙烯装置要在白天降负荷。为增加产量、多创效益，夜间气温降低时装置又要提负荷。降负荷和提负荷并没有准确的时间点要求，全凭值班长判断。早些提、晚些降，靠的是责任心。”姜涛说，身为值班长，每分每秒，每根神经都要绷紧。

自2008年组建车间以来，姜涛所负责的裂解、急加、压缩、分离4个单元的操作平稳率保持在99.98%以上，他带领的五班常年是车间优秀班组。在姜涛和同事的努力下，吉林石化乙烯装置各项指标，保持在全行业领先水平。

“干石化不是单打独斗，我们团队共计33人，缺谁都不行。”姜涛说，他不希望装置出现任何波动，也不希望兄弟们受伤，要让他们平平安安回家。

2018年，适逢3年一次的装置大检修。车间把最重要的裂解气压缩机和最脏累的急冷单元安排给姜涛管理。

检查30多米的碱洗塔T3501，要从塔底爬到塔顶，再进入内部检查层层塔板，一旦发现有破损塔件，还要拍摄下来进行记录。狭窄的塔板仅能容纳一个身位，连转身都困难，每次从塔里出来，姜涛从头到脚沾满焦灰，变成了大家都认不出来的“黑人”。

检修时间紧，任务重，姜涛早来晚走，时常吃住在车间。妻子实在心疼，向他这个“撒手掌柜”打趣道：“你不会是在厂里‘乐不思蜀’了吧？”

与乙烯装置相处了大半辈子，姜涛还真的是乐在其中。乙烯装置运行所发出的声音，正如同一条有生命的银色巨龙所发出的沉沉呼吸。姜涛说，每当它回荡在耳畔，心里就觉得特别踏实、亲切。

姜涛对装置上心，对单位的后起之秀更是悉心关爱。

“师傅说，你们只管发现问题、提出问题，剩下的我来告诉你们怎么做。工作中，他会带我挨个管线看，并延伸出很多知识来讲解，绝不藏着掖着。”谈起姜涛对自己的帮助提携，化工五班压缩岗位内操郭党十分感激。

之前，新来的高校毕业生尹健主动向他请教：“我怎么才能干得像你这么好？”“年轻人求知若渴是好事，你们现在的学习条件和机会比我们好多了。”姜涛说。

他会利用副班时间对车间工作人员进行业务培训，并结合车间生产实际分析事故案例，讲课内容不分岗位。“一线工人眼界要放宽，不能工作 10 年、20 年还说不清楚‘乙烯’到底是什么。”

日积月累必有收获。姜涛所带领的班组在工厂“月月考”中名列前茅，尹健也凭借多次满分的成绩在车间里崭露头角。

成立创新工作室后，姜涛更忙了。他总结经验，制作课件，每年专项培训 160 人次，涵盖操作管理经验、化工先进技术、装置维护运行等内容，并与其他企业级专家和技师携手攻关了一系列技改难题。

平凡的岗位是成功的摇篮。早在 29 岁那年，姜涛就获得了全国五一劳动奖章。他还曾荣获过吉林省特等劳动模范、吉林省岗位创新能手、吉林省技术能手、吉林省首席工人技师和吉林省技能大奖、吉林市五一劳动奖章、吉林市有突出贡献的中青年人才、吉林市十大职业技术能手，以及吉林石化公司优秀共产党员标兵、公司优秀班组长、公司首届十大金牌工人等多项荣誉。

璀璨的钻石总会引来关注的目光。有猎头、民企向姜涛伸出“橄榄枝”，许以高薪厚礼“挖墙脚”，但他不为所动。

“做人不能忘本。刚来厂里时，我只是个技校毕业生。不到两年，我就开始获得各种荣誉。现在我能买房买车，养育孩子，和家人过上好生活，所有的一切都是公司给的。”姜涛说，“所以我要更加努力地工作，才能回报公司。”

杨学智

1987 年参加工作，现为中国石油宁夏石化公司化肥一厂合成氨装置操作工，高级技师、集团公司合成氨装置技能专家。

先后参加了 5 万吨联醇试车、变压吸附装置试车、焦炉气项目试车三查四定工作，确保装置试车成功。

曾荣获集团公司第二届青年岗位能手、岗位技术能手等称号，被宁夏回族自治区授予首席技师荣誉称号。

石油名匠

SHIYOU MINGJIANG

我们的领头“杨”

叶海晨

宁夏，素有“塞上江南”的美誉。在祖国大西北的这片沃土上，有这样一位技能大师，他是处理装置技术难题的“能工巧匠”，是危急时刻冲锋在前的“排头兵”，是悉心栽培后起之秀的“园丁”……

他叫杨学智，中国石油宁夏石化公司化肥一厂合成二班值班长。30 多年来，他敬业、担当、努力、勤恳，先后解决生产难题 100 多项，提出合理化建议 160 多项，为化肥一厂合成氨装置安全、平稳运行做出了积极贡献。

勤学苦练　渐成技术能手

1985 年，杨学智入宁夏化工厂技术学校，成为该校第一批技校生。1987 年 7 月，杨学智毕业，被直接分配到当时的宁夏化工厂合成车间气化工段，担任合成氨装置操作工。

当时，宁夏化工厂在宁夏回族自治区算是非常大的企业，对许多技校学生来说，能进这样的大型企业工作，是一件非常值得自豪的事，杨学智也是如此。他至今还记得，他进入化工厂工作第一天时的情景。当时，面对厂区内林立的塔罐、纵横的管线、轰鸣的机器，杨学智一时间不知所措。厂里的老技术员马师傅对杨学智说：“你要想干好这一行，没有任何捷径可走，只有勤奋学习与探索。”从那以后，杨学智意识到，要在工作中学知识、练本事，才能成为熟练操作现代化装置的行家能手。

合成氨气化炉是生产化肥的重要设备，操作工们通常把对合成氨装置的开和停称为“开停车”。当时，化工厂设备全部是从国外进口，运行控制仪表集中在中控室内，对整个合成氨装置进行操作控制。杨学智每次当班都会来到中控室，拿着小本本，站在控制仪表盘前，记录仪表盘上的各种数据。合成氨装置是 24 小时连续运转，杨学智常常待在装置区，爬管线、摸阀门、看图纸、学流程，不怕脏、不怕累。只要听到厂里出现生产波动或装置开停车的情况，即使不是自己当班，杨学智也会来到现场，看其他操作工人开停车，并弄懂、弄清开停车的原因。

长时间的总结摸索，让杨学智逐渐掌握了装置的运行规律，装置什么时候容易发生波动，如何处理，如何预防，他都了如指掌，并写下了数万字的心得笔记。同时，由于长期待在装置现场，杨学智将整个合成氨装置的上百个导淋、几百个操作指标都熟记于心，对每一条管线，他看一眼，就知道其来处、去向，走什么物料，温度多少，压力多大。

过去，厂里以渣油为原料开展生产，产生大量炭黑水。1991 年的一天，杨学智发现装置区的石脑油萃取分离罐的液位一直控制不好，导致炭黑水中的炭黑与石脑油一起进行萃取不完全，同时，萃取完的炭黑水进入闪蒸分离罐，由于闪蒸分离效果不好，闪蒸完的炭黑水含有一定的石脑油流入了炭黑水泵。炭黑水泵是给气化工段供水的关键设备，炭黑水泵的操作温度是 120℃，石脑油在这样的温度下挥发得很厉害，经常造成炭黑水泵汽蚀，导致炭黑水泵的轴断裂。断轴可是一件不小的事，会导致气化炉断水，全厂停车，影响合成氨装置安全生产。

当时，厂里向大家征求意见，大家各抒己见，但效果都不尽如人意。后来，杨学智提出，提高炭黑水泵的入口压力，防止炭黑水泵汽蚀，同时，再增加一台卧式炭黑水闪蒸罐，增加闪蒸面积，将炭黑水中残存

的石脑油闪蒸出去，防止炭黑水泵汽蚀造成断轴事故的发生。这个提议被采纳后，解决了装置一大难题。之前，炭黑水泵每年都会断十几根轴，杨学智的建议被采纳后，每年只断两三根轴，确保了合成氨装置的长周期运行，也为企业节省了不少生产成本。

经过长期的勤学苦练，杨学智取得了不少荣誉。1994 年，杨学智在宁夏化工厂合成氨大比武中取得二等奖，这是杨学智在厂里获得的第一个奖。杨学智回忆说：“当时，获得这个奖，心里很受鼓舞。”1995 年，杨学智担任气化班长。1997 年，杨学智获评集团公司技师。1999 年，杨学智又被集团公司授予岗位能手、技术能手称号。

推动技术改造　解决技术难题

1999 年，宁夏化工厂并入中国石油。2000 年，由于渣油价格不断上涨，合成氨制造成本大幅增加，同时，在陕甘宁地区发现了大气田，公司遂决定，将气化炉原料由烧渣油改为烧天然气，并将装置区的其中一台气化炉改造成 8.53MPa 天然气气化炉，这是世界上首台同型号气化炉，被厂里命名为 $1^{\#}$ 气化炉。由于没有任何操作经验可以借鉴，改造后的气化炉投入使用仅两天，就出现了顶部严重超温的问题，合成氨装置被迫停车。对此，大家都一筹莫展。

为此，单位成立了 QC 攻关小组，杨学智是小组核心成员。杨学智回忆说：“当时接到任务后，我感觉到了一些压力。不过，我觉得，操作工才是设备的主人，没有驾驭不了的设备，办法总比困难多。”接受任务后，杨学智查阅书籍，并经过仔细观察，发现烧天然气后，气化炉内部的压差比之前烧渣油时小。而根据原理，压差越大，火焰越长，离气化炉顶部越远；压差越小，火焰越短，离气化炉顶部越近。同时，杨学智发现，之前，热量集中于气化炉中部和下部，此处炉砖较厚，而上部炉砖较薄，当热量上移后，上部炉砖隔热性较差，这成为导致超温的关键因素。杨学智遂建议，加厚气化炉上部炉砖，缩小炉口口径，减小热量传递。后来，这些建议都被采纳，气化炉大盖超温的难题终于解决了。

2002 年，$1^{\#}$ 气化炉油改气的技术改造取得圆满成功，这为企业每年节约成本 3500 多万元。杨学智又亲自执笔，将攻关材料整理成论文，并在全国渣油型大化肥年会上交流发表，同时，也为 2003 年 $3^{\#}$ 气化炉油改气一次成功提供了可靠的技术支持。不久，气化炉油改气技术项目获得集团公司技术创新二等奖。

2005 年，杨学智被宁夏石化公司聘为合成氨装置高级技师，2006 年，又被集团公司聘为“合成氨装置技能专家”。

之后，杨学智加快钻研的脚步，他带领班组成员，积极开展 QC 攻关活动，解决操作中遇到的技术性难题。

有一段时间，炭黑水回收工段 pH 值频繁超标，容易对设备造成腐蚀，导致机泵结垢多次维修。杨学智带着班组成员，找出了 PH 值超标的原因。后来，他们跟相关部门积极协调，修改操作流程，稳定操作，解决了 pH 值频繁超标的问题，确保了设备稳定运行。

公司开展了 16K2 尾气项目，回收 4116 液氮洗工段产生的尾气，代替一部分天然气，以之作为生产合成氨的重要气体原料。项目开展后，16K2 尾气压缩机出现了尾气回收量较小、压缩机振动高、回流阀工作不稳定的情况。杨学智带着班组成员，开展了“减少尾气压缩机停车次数”的课题攻关。杨学智经过研究，找出了尾气压缩机出现问题的 3 个原因——地脚螺栓直径小、回流阀故障、出口管线震动。大家通过更换大直径地脚螺栓、将仪表盘重新设定程序、增加管线阻尼器的办法，成功解决了尾气压缩机运行不稳定的问题。

一次次技术改造和装置难题的成功解决，为杨学智带来了更大的荣誉。2012 年，杨学智被宁夏回族自治区授予首席技师称号。一时间，杨学智成为宁夏石化的技能明星。

冲锋在前　雨夜排险保平安

首席技师这一光荣称号，让杨学智深感肩上的责任更加重大，他时时刻刻，起到先锋模范作用。

以前，操作工们的排班为每日白班、中班、夜班三班倒，时间段分别为 8 点至 16 点、16 点至 24 点、24 点至 8 点。同时，厂里对值班时的每一个操作流程都进行了规范。此时已成为合成二班值班长的杨学智，每天都会带领班里的操作工们，在中控室里观察监测装置的电脑显示的数据是否正常，装置是否出现状况。若发现数据异常或装置出现了状况，他都会带着大家，赶到现场，处理问题。

有时，还会遇到紧急停车的情况。按照规定，发生紧急停车的情况时，正副值班长要有一位留在操作间，一位去现场。每到这时，杨学智都会直接向中控室的人安排任务，并亲自带着徒弟们冲到现场，关闭或开启紧要的阀门。对特别大的阀门，他通常还会带着扳手，亲自操作，并不时告诉身边的操作工们："这些阀门都非常重要，在紧急情况下要按规定快开快关。"回到中控室，杨学智会在中控台前反复确认，看看哪些该关的阀门没有关，哪些该开的阀门没有开。遇到有疑问的情况他甚至会带着操作工们，再次跑回现场，进行确认。

2012 年 7 月 29 日晚上 10 点多，银川上空突降暴雨、电闪雷鸣，很快，厂区内的积水就涨到了膝盖处。次日凌晨，暴雨依然没有减小的迹象。当时，正值中班与夜班交接班的时候，为预防可能出现的装置晃电、停车等问题，杨学智在接班会上，让大家将手电筒、扳手等应急工具以及雨衣准备好，强调安全注意事项，组织大家学习《装置晃电预案》。接着，他问大家："如果遇到晃电，你第一时间应该做什么？"这时，有人在下面嘀咕："班长，刚接班你就说这种事，真是乌鸦嘴，还没晃电呢，你就惦记上了。"但说归说，大家还是很认真地回答了提问。

7 月 30 日凌晨 5∶30，中控室和装置区的灯光忽然全部熄灭了，只有中控台电脑的屏幕亮着，装置区一片漆黑，报警红灯亮起，刺耳的报警声响彻厂区上空，最担心的晃电和停车来了。还没等大家反应过来，装置区又响起了异常的放空声音。"晃电了，大家不要慌，按照应急操作流程进行操作……"杨学智立即启动晃电应急预案，并冷静地向大家布置任务，"先把烧嘴冷却水泵点起来，其他按照装置紧急停车的步骤来执行……"班组同事也立即使用预先准备好的手电筒、扳手，进行系统停车操作，第一时间切断了与外界的物料互供阀门，防止物料互窜；关闭氧气炉头阀门，防止气化炉过氧爆炸；关闭高低压阀门，防止甲醇物料互窜；及时打开手动放空阀，防止重大危险源大氨罐超压超温事故……

在班组成员冷静、果断处理之后，装置终于安稳停车。技术员赶到现场后，经确认，现场装置的关键部位、关键阀门安全稳定，没有发生窜料、超温、超压事故。3 天后，装置重新开车，全面恢复生产。

经历了一场暴雨，装置能在如此短的时间内恢复生产，足见班组成员处理紧急情况的能力。这种能力的形成，归功于杨学智在平日里经常组织的应急演练，通过不断演练，班组成员早已将操作流程、各自分工铭记于心。曾在当时参与此次事故处理的杨学智徒弟陈诚告诉记者："日常工作中，杨工带着我们进行过无数次演练，各种步骤早已熟记于心。那次，不过是实打实操作了一把，真实检验了一次。”

积极传帮带　培养行家里手

每年，杨学智都会带一两个新人。对每位新人，他都是从最基本、最简单的操作教起，手把手讲流程、讲操作，强调注意事项。在杨学智的言传身教之下，徒弟们的技能都得到了提高。如今，杨学智的许多徒弟，都已成为各自岗位的行家里手。这一切，被宁夏石化公司化肥一厂厂长胡文平看在了眼里。胡厂长说：“杨学智得到许多荣誉后，在新员工的培养上也有了更深刻的认识。他积极传帮带，向新员工传授好的做法和技能，让新员工快速成长。”

早年间，公司曾出过一本《合成氨操作规程》，油改气之后，这本教材的许多内容都过时了，需要重写。由于杨学智在操作合成氨装置中积累了丰富的经验，还是推动油改气技术改造的高级技师，公司遂让他来编写新教材。领命后，杨学智花了 3 年时间，编写出《合成氨装置培训教材》，成为化肥一厂操作工的必读手册。杨学智回忆说：“这本教材印出来后，反响很好。我能尽一个高级技师的力，为员工培训做件有益的事，感到很高兴。”

2017 年，厂里将三班倒的制度改成了白班、夜班两班倒，白班为 8 点到 20 点，夜班为 20 点到次日 8 点。值班期间，操作工们都要待在中控室。

连续上 12 个小时夜班是一件很难熬的事。由于上夜班时不能睡觉，杨学智会时不时告诉大家，不要一直紧绷着神经，可以偶尔找一些事情去做，如到室外吹吹风，到装置区巡检，把困意熬过去。杨学智自己则始终保持高度紧张的状态，紧盯中控室内的电脑屏幕，看是否有数据异常的情况。夜里，杨学智还经常来到装置区，检查设备是否运行正常，有没有气体泄漏等隐患。

对于巡检，杨学智经常教育大家，及时发现隐患、确保装置长期稳定运行、避免停车带来的损失是最重要的。要带着发现问题的心态去巡检，看见疑似隐患，都要深入追究，自己能解决的尽力解决，解决不了的及时通知师傅。这些思想，深深地影响着二班的每一位操作工。

操作工徐宝静是 2017 年 7 月才进入二班的。今年 4 月的一天，徐宝静在巡检时发现，合成氨装置一处气化炉 S100 蒸汽管线的一块压力表脱落了，导致管线出现了一丝裂缝，管线内的蒸汽从裂缝处不停地向外喷射。于是，她立即向杨学智汇报。杨学智第一时间跑到现场，确认了徐宝静汇报的情况。由于S100蒸汽比较危险，他立刻通知技术员，将压力表装上。平日里，每天都有操作工在装置区频繁巡检，但依然会有隐患点没有被发现。徐宝静说:“在我发现这个隐患后，杨工鼓励我，让我发挥女生细心的特点，多发现别人发现不了的隐患。我听完杨工的鼓励，很受鼓舞。”

不仅是徐宝静，杨学智的徒弟们对这位师傅都充满了敬意。杨学智的同事张财胜说：“杨工是一个积极向上、充满正能量的人，他做事踏实、以身作则，一言一行都影响着我们。对我们来说，他就是我们的领头‘杨’。”

对于徒弟们的赞扬和自己多年来取得的成就，杨学智淡然处之。杨学智说:“我是在宁夏石化这个大舞台上、在合成氨装置这块阵地成长起来的。我热爱这块土地，热爱这片塔林。我愿把生命融入这片装置区，深深扎根于生产一线。”

陈君龙

1997年参加工作，现为中国石油寰球工程公司第六建设公司职工中心培训师，高级技师、集团公司焊接技能专家。

从事焊接工作21年来，先后获得广西十大金牌工人、广西首批工匠、广西五一劳动奖章、广西劳动模范、全国焊接技能大赛冠军、全国技术能手、全国劳动模范等荣誉。

蓝色弧光映“传奇”

曾　源　赵泽众

“心要定、手要稳、点要准、动要快”，放下手中的焊枪，摘下电焊面罩，示范指导结束时，陈君龙对即将代表中国石油寰球工程六建公司参加全国职工职业技能大赛的 6 名选手说。

陈君龙是寰球工程六建公司的一个“传奇”：他没有进过高等学府，却是获得众多荣誉的石油明星；他是农民工，却作为一线工人党员代表参加广西壮族自治区第十一次党代会参政议政；他是一名普通电焊工，却成为全国劳动模范，走进人民大会堂，受到习近平总书记的亲切接见。

从南国到北疆，从沙漠到高原，从国内到国外，陈君龙精雕细琢 21 年，在蓝色弧光和绚丽焊花中演绎着传奇人生，诠释着当代石油工匠精神。

勤学苦练出真功

“你的焊缝成型太差，拍片发现很多气孔，再回炉去练习吧。”1997 年，毕业上岗参加技能考试时考官对陈君龙的评价，让他至今记忆深刻。

陈君龙的父亲是参加“三线”建设、扎根西部的老一辈石油人。子承父业，中专学习财务会计的他，最后选择拿起焊枪当一名石油工人。

“当时我只想学一门手艺，能够安身立命，养家糊口。原以为电焊简单，但

那次技能考试却让我彻底改变了看法。”陈君龙说，考官的评价，让他无地自容。从此他暗下决心，一定要练就过硬的焊接技术，焊出别人焊不出的精品。

电焊工的基本要求是手要稳。为解决手发抖的问题，陈君龙自创“体能练习法”，每天做俯卧撑 50 个、引体向上 20 个，每天坚持不辍。3 年学徒苦练下来，他的手稳如磐石。这样的习惯他已经坚持了 21 年。培训结束后，陈君龙被公司派往新疆库尔勒，参加塔里木石化的施工建设。在那里，他不知疲倦地进行焊接练习，几乎把工地里能找到的所有钢铁废料都焊了一遍。为获得更多的焊接机会，他主动承担了一整条管廊立柱的筋板、注脚板的焊接任务。4 个多月的时间，他用掉 1000 多公斤焊条，成为焊条消耗大户，几乎每天都焊掉一箱焊条。

1999 年，在一项工程焊接施工中，一道氢气管线的固定口成为“拦路虎”。这道焊口周围全是障碍，只能靠着微弱的光线，翻转身子用左手焊接，而且要连续焊接两个多小时才能完成。这是他第一次接触到这样难的焊接任务。陈君龙连焊 4 遍，都没有通过射线检测。又累又急之下，硬汉子掉下了眼泪。直到第五遍，在师傅的鼓励和指导下，他才完成了任务。从此，他开始苦练左手焊，能用左手焊接的绝不用右手，这样又练了一年半，终于焊接时能左右开弓。

陈君龙明白，每一项技艺的练就都是不容易的，需要强大的毅力和不懈的坚持。冬天，嘴唇被寒风吹出裂口，手上满是冻疮；夏天，一摘下面罩，汗水就哗哗地淌出来。但陈君龙没有觉得苦，一心只想着练出过硬的技术。为更快地提高自己的水平，陈君龙买来《焊接工工艺学》《焊工》等专业书籍，晚上通过书本了解各种金属材料的焊接特性，学习焊接技术和焊接工艺，白天再通过练习来巩固。这一练，就是 10 年。他的焊缝合格率达到 100%，被工友誉为“快枪手”，创造了自己独特的“快枪手四步法”焊接手法。

2007 年 4 月，陈君龙代表广西参加全国工程建设系统第八届焊工技术比赛，荣获 B 组个人第一名，终于成为全国电焊冠军。

“焊接是学会容易学好难，学会可能只要半天时间，但学好就需要积累与沉淀。”陈君龙说。

南征北战献精品

技成之后，陈君龙挑起了公司的大梁，负责世界各地的焊接任务。从辽宁、吉林到广东，从国内到国外，焊接的火花中，映照着他精益求精的心血与汗水。

苏丹是陈君龙多年从事焊接工作以来印象最深的地方。已成为焊接骨干的陈君龙第一次出国，就感受到国外施工的艰辛。

2003 年，陈君龙的焊接小分队负责苏丹南部托马绍的一条长输管线施工，在远离黑格里驻地 100 多公里的野外作业。正值苏丹雨季，南部基本是原始森林和草原，由于地面松软泥泞，车辆打滑拉不动柴油焊机，几个焊工只好自己拉着柴油焊机工作。送饭车经常陷入泥泞，中途趴窝，他们只能饿着肚子坚持工作。由于卫生条件受限，小队中有多名成员上吐下泻。在这样艰苦的条件下，陈君龙和他的队员们早出晚归，坚持每天计划不过夜，经过一个多月的鏖战，完成了 20 多公里管线的焊接任务。

除了恶劣的卫生条件，高温是考验陈君龙的另一道“坎”。在苏丹尤尼提，中国石油人承建了当地第一座自备电站。这处无人区中，陈君龙和他的队员们要在没有任何依托的情况下独立施工完成任务。非洲天气炎热，白天室外温度超过

50℃，在钢板上面站上几分钟，劳保鞋的橡胶底就逐渐熔化。施工的罐内温度更高，焊接时水分流失很快，全身湿透，几分钟后就被烘干。就这样每天干干湿湿十多遍，工作服上布满一层白白的盐渍，衣服破得也很快，他乐观地笑称“法国时尚”。由于条件艰苦、工作强度大、野外蚊子多，陈君龙和很多工友一样得了马来热（疟疾的一种）。陈君龙没有撤退，打针吃药休息几天，身体稍微恢复就回到现场继续工作。经过几个月的奋战，尤尼提自备电站一次投产成功。投产的那天，苏丹总统巴希尔专程赶来剪彩。在见证中苏友谊的时刻，陈君龙和工友们欣慰地笑了。

无论是在“吃三睡五干十六”的抚顺“HCC”工程里艰苦奋战，还是在当时最大的中外合资项目——中海壳牌惠州年产120万吨乙烯工程中摸爬滚打；无论是在当时亚洲最大的同类装置大连年产350万吨催化裂化装置改造工程中担当主力，还是在国内首个自主知识产权的江苏LNG接收站工程中勇挑重担，21年里，陈君龙南征北战，参加工程建设近百项，用焊枪铸就一座座钢铁丰碑：有的荣获优质工程金奖，有的创造中国企业新纪录，有的荣获全国焊接优秀工程一等奖……

匠心独运创新路

2008年，广西壮族自治区总工会在六建公司成立劳模创新工作室，陈君龙担任工作室负责人。面对崭新的角色，陈君龙深知，唯有创新，才能履职尽责。他带领团队深入调研，专挑公司在焊接领域里的难题攻关。

为攻克铝镁合金焊接难关，陈君龙带领团队经过20多个日夜的探索试验，仅靠现有的设备和有限的试验材料，成功研发铝镁合金板材手工氩弧焊、加熔化极气体保护焊、单面焊双面成型的焊接技术。此后他再接再厉，利用手工氩弧焊加MIG半自动气体保护焊的方法，成功研发铝镁合金大厚板材焊接技术，填补了公司在铝镁合金焊接技术方面的空白。

早在2005年之初，公司就开始对LNG储罐所需的9%Ni钢板焊接技术进行技术攻关，而陈君龙就是这个技术攻关团队中的主要人物。LNG当时在国内属新兴领域，很多技术都被国外工程公司垄断。陈君龙勇于承担重任，开始9%Ni钢壁板立缝气体保护自动焊的焊接技术攻关。在完全没有经验技术可借鉴的情况下，陈君龙和团队一起反复试验、分析、总结、实践，经过半年多的艰苦探索，终于研发成功大型 LNG 储罐 9%Ni 钢气体保护自动焊立焊技术、9%Ni 钢全套焊接技术，打破了国外对该项技术的垄断，为 9%Ni 钢材国产化和整个 LNG 接收站国产化立下汗马功劳。

2013 年 5 月，桂林市总工会在公司成立以陈君龙命名的先模创新工作室。5 年多来，陈君龙工作室获得研究成果 100 多项，并在项目施工中广泛应用，工作室已经成为公司新技术、新工艺、高技能人才交流提高的重要平台。他也成为一名技术创新者和学术领路人。

授业解惑传薪火

“一花独放不是春，万紫千红春满园”。身为“油二代”，陈君龙立志要把自己的经验技术传授给更多人，培育更多的石油工匠。他潜心总结自己的多年实践经验，编写了板状 4G、2F 角焊缝、CO_2 药芯焊丝和铜镍合金管状 6G 的教案，毫无保留地把自己掌握的技术有形化。这些教案都非常具有实用性和操作指导性。

他开设“创新课堂”，利用 PPT 和三维动画等工具，生动地讲解焊接技术。

学员们发现，这位从一线回来的老师，不仅名气大，讲起课来也有板有眼，授课答疑、启发引导、座谈分析、示范指导、阶段考核，循序渐进、由浅入深地将理论知识和实际操作有机结合起来，这样的方式，学员们爱听、爱学。

“我常对徒弟们说，要把焊接当成一门手艺，当成自己安身立命、建功立业的本领，做一个对企业、对社会有用的人，用自己的本事赢得尊重。”陈君龙说，他对徒弟要求最多的，就是每次焊接前，都要把细节做到位，对焊机、焊材、气体要做到心中有数，把焊接参数调到最佳状态，焊接的时候不贪快、不将就，把每一道焊缝都要尽量焊接完美。

这种良性地学与教的循环，使他的培训课收到了良好的效果。他培训的学员不仅成为公司生产的技术骨干，而且在全国和地方的各类技能竞赛中取得优异成绩。2009 年 4 月，他参与培养和训练的电焊选手代表中国石油、广西壮族自治区和中国石油技校参加全国工程建设系统第九届焊工职业技能竞赛，一举荣获 3 个团体冠军、囊括 11 项个人第一。2011 年，学员农华科作为中国代表队成员参加在德国举行的世界技能大赛，夺得电焊组手工焊第一名。近 5 年来，陈君龙和他的工作室团队培训焊工 500 多人。他们中大多数人已经成为六建公司的焊接骨干，有 40 多人成为技师、高级技师、广西和全国技术能手。

“回顾 21 年的电焊生涯，虽然干得很苦也很累，但是很值。”陈君龙说，因为足够专注，所以才能达到专业。从操作者到理论家，从谆谆求知到传道授业，陈君龙完成了人生转变。接下来，身为公司培训学校校长的他将把创新技术、传授技能作为人生的另一重要任务，研发出更多的焊接技术，培育出更多的石油工匠。

牛连山

1994 年参加工作，现为中国石油管道局有限公司培训中心培训师，高级技师、集团公司焊接技能专家。

先后在中国石油管道局机械公司、管道学院、研究院工作，由一名普通管道工程焊接工人逐步成长为管道焊接职业技能教练和管道自动焊研发人员。

曾荣获集团公司技术能手、河北省能工巧匠、金牌工人等称号，享受国务院政府特殊津贴。

焊出完美弧线的牛师傅

白　阳

走进中国石油管道局焊接培训车间，一个个长四米、宽四米、高四米的工位间排列有序。在其中一个工位间，牛连山头戴防护头盔，身穿防护衣，正弓着腰指导徒弟焊接钢管。焊花闪烁，伴随着清脆的刺啦刺啦焊接声，一团一团的烟雾慢慢升腾，随后在半空中飘浮。工位间内空气干燥，温度高。可以说，这个环境形象地解释了“焊”字为什么由“火”和“旱”组成。

一身焊接防护装备把牛连山捂得严严实实。得知记者要采访他，他直起身子，摘下防护头盔。灰白的头发，匀称的五官，黑框眼镜后面是一双炯炯有神的眼睛。站在T型圆柱工装旁，他大声地向记者介绍徒弟正在焊接的钢管。“你看到了吗？每根钢管两端都有坡口，将两根钢管对接在一起，从对接坡口处开始焊。焊接的时候，人距离钢管200至300mm，焊接速度为100mm/分钟，焊丝与母材的接触熔点高达1515℃。”他的逻辑非常清晰，对数据了如指掌。

24年来，牛连山每天就是拿着手中的焊枪和一条条焊缝打交道，他的人生早已和电焊两个字紧密联系在一起，是电焊实现了他的人生价值。牛连山是如何一步步走到今天的？记者跟随他的脚步走出嘈杂的培训车间，听他娓娓道来。

技术扎实的牛师傅

牛连山上技校学的是焊工专业，毕业后被分配到中国石油管道局。“上班第一天，我非常兴奋，觉得自己在技校学的知识终于有了用‘武’之地。来到车间，自己拿起两根水管就开始焊，焊完后一通水，竟然有渗漏，顿时觉得自己所学知识不灵了。”回忆起当时的情景，他自己都忍不住笑了。不久，他就被分到师傅张福强的门下，师傅要求牛连山多观察、多学习，平常打打杂就可以，并没有给他分配具体的工作任务。每天工作结束后，他就按照师傅定的规矩——工完料净场地清——来进行收尾。

如此学习观察一个月后，牛连山开始从最简单的立焊开始。“当时自己的手比较笨，心又急，总是焊不好，焊坏的钢管，只能晚上让师傅来修补。”他说，“为了让我尽快掌握技术，师傅扶着我的手进行焊接，让我慢慢体会焊接的过程。”苦练了一个月，牛连山用手中的焊枪，以一条整齐的弧线将两根钢管连接在了一起。

为了加快焊接速度，牛连山积极开动脑筋，经过千百次的实验，发明了摇摆氩弧焊，其奥妙在于手持焊枪，手腕轻摆，带动焊枪随“之”字形摇摆起来，磁嘴在焊道上做锯齿型摆动，幅度波及焊缝边缘。这种方法既能够保证焊缝咬边，又能保证盖面宽窄差和高低差都小于 1mm。这种焊法大大提高了他的工作效率。

3 年后，牛连山用自己发明的摇摆氩弧焊在几个班组搞的焊接竞赛中脱颖而出，获得第一名。这次胜利让他信心大增。在工作中，他继续打磨自己的焊接技术，甚至在工闲时去其他车间义务干活儿，为的就是让手中的焊枪焊得更精准、更到位。

2002 年，牛连山为了参加管道局举办的焊接比赛，早出晚归在车间练习焊接技术，晚上回家后又接着复习理论到深夜。为了在比赛中发挥出自己的水平，他还在工作和训练之余认真做着赛前应急预案，以防意外发生。“进入赛场前，我检查了一遍所有装备和工具。进入到比赛场地中，告诉自己什么都不想，就当作是一个封闭的空间。比赛开始后，我凝神屏住呼吸，全身心投入其中，一气呵成地焊完所有比赛项目。”他双手比画着向记者描述当时的比赛情景。功夫不负有心人，第一次参加正式比赛的牛连山便拔得头筹。这次比赛后，他被授予“管道局技术能手”称号。

2005 年，牛连山参加全国工程建设系统电焊工大赛，获得个人第五名，其

中的仰板焊条电弧焊单项获得第一名。他创造了中国石油管道局自建局以来，电焊工参加全国技能比赛的最好成绩。随后，他被授予集团公司技术能手称号。

牛连山每次获得荣誉后，总是说“成绩只能代表过去，未来还在脚下”。他始终兢兢业业，把已获得的奖励化作内心的动力，不断潜心研究焊接技术，专心做焊接自动化，为管道建设事业而不断努力着。

本领过硬的牛师傅

2013 年，牛连山参与《在役管道维抢修自动焊焊接工艺研究》课题，其中 CPP900 双枪自动焊设备在环角焊上的使用是一个难点。为了早些拿出可行的方案，牛连山在车间里一干就是一天，反复琢磨，反复试验。经过他的不懈努力，双枪自动焊终于可以在管道环角焊缝进行焊接。试验产品焊完后经理化检测合格，爆破试验一次成功。这个技术的应用使在役石油天然气管道的抢修焊接时间大大缩短，并且焊接质量进一步提高，为管道的平稳运行保驾护航。

牛连山还深入研究管道药芯气保护自动焊工艺，成功解决气保护药芯焊丝在极寒条件下出气孔的问题；优化 CPP900-W1 型管道自动焊操作程序，使之更适用于大口径管道连头坡口宽窄不匀的装配条件；优化 CPP900-W1 型管道自动焊送丝及焊炬部分，增加焊丝矫直机，使送丝平稳、电弧稳定，适合药芯焊丝焊接。

一项项技术革新，让牛连山的技术水平得到管道局领导和同事的一致认可。2003 年，他被临时派到西气东输郑州段管道铺设线路进行技术攻坚。由于正值夏天，郑州空气潮湿，这就导致在焊接过程中容易出现气孔，需要来回返工，影响施工进程。牛连山到达施工现场后，仔细寻找问题所在。他在试焊过程中凭借经验发现空气温度和湿度满足不了传统焊接工艺的要求，他建议使用氩弧焊和自保护半自动焊相结合的方法进行焊接，这既不容易使焊接表面出现气孔，又能够保障钢管接缝处的背面成型，一举两得。施工人员按此方法焊接，果然获得良好效果，焊接的质量得到保障，速度大大加快，这也促进了郑州段管道铺设工程顺利完工。

2004 年，山东省境内的一条导热油管线温度在 300℃以上，焊接采用氩弧焊打底手工焊填充盖面的工艺方法，按照当时的焊接速度，肯定在截止日期之前完不了工。牛连山又一次被请去现场进行技术指导。“到达施工现场后，我利用自己多年储备的焊接经验，果断采用氩弧焊打底加二氧化碳气保护焊填充盖面的焊接方法，这种方法的焊接速度是焊条电弧焊的两倍。”牛连山说。施工负责人见此情形，决定按照牛连山的建议，试焊一天，果然不出所料，这种方法确实大大加快了焊接速度。随后，施工方让所有焊工都使用二氧化碳气体保护焊填充盖面的方法，施工进程大幅加快，工程在截止日期前顺利完工。

对于牛连山总是能够在关键时刻化解技术难题，他的师傅张福强却并不意外。“他很勤奋，一种焊接方法他要千万次地反复练习，直到满意为止。他又是一个做事特别认真的人，焊接过程中遇到的小问题绝不放过，一定要研究透、弄明白才肯罢休。总之，他是把焊接作为一项事业来做。”张福强说。

荣誉等身的牛师傅

自 2012 年以来，他连续四年担任参加全国和省部级电焊工技能竞赛的管道局集训队主教练。每次集训期间，他都 24 小时和队员在一起，想尽各种办法提高队员们的技术水平和身体素质。在集训的不同阶段，他会针对不同队员进行不同的技术训练和心理训练，让每一名队员都有一个良好的竞技水平和强大的内心。

在集训期间，“牛老师每周进行一次小型模拟考试，或者临时打乱电焊时的电流参数，或者在焊接过程中出一些难题，甚至会制造出让我们慌乱的意外，为的就是让我们能够及时调整心态，顺利完成比赛。焊完后，他会拿着焊件一个一个点评，发现问题，总结不足。”牛连山的徒弟、集团公司高级技师裴运涛说，“他还让我们每个人做一个完整的焊接竞赛流程计划，从赛前准备到赛后收工，每一步该做什么。这其实是让我们不断加深对比赛流程的印象，防止因紧张出现错误。”

牛连山为了让集训队员长记性，会对考试不合格者进行惩罚。一种是体能惩罚，内容是做俯卧撑 30 个；另一种是焊接惩罚，内容是加大焊接量或者是在焊接瑕疵的位置反复练习。据牛连山介绍，他设计的这两种惩罚，目的都是围绕比赛，服务于比赛，因为比赛拼的就是体力和技术。

“每晚牛老师都会查房，了解每位集训队员的身体和心理情况。之后，他就陪着我们复习理论知识，一起看题库。题库里的题有的是经他细微改动过的，为的是考查我们的细心程度，因为题目变了，答案也会随之而变。”全国技术能手、高级技师王建才说。

集训期间，每天的劳动量非常大。由于队员们都穿着防护服，加上焊接时工间温度高，一会儿的工夫，队员们就汗流浃背了，一个上午就能把衣服拧出水。牛连山为此经常要求食堂供应充足的牛肉、牛奶等蛋白类食品，为队员们补充能量。“他把我们的辛苦看在眼里，亲自为我们熬绿豆汤，还买西瓜和冰棍，帮助我们物理降温。他所做的一切让我们感觉到家的温暖，队员们也更加努力训练。”集团公司技术能手、技师张志军说。

天道酬勤，在他的带领下，管道局代表队在 2012 年集团公司职业技能竞赛中取得电焊工 2 金 3 银、团体第一的优异成绩，打破了管道局历史最好成绩。

随后，一项项荣誉纷至沓来。2013 年，他带领选手参加第十一届全国工程建设系统职工技能竞赛，获得 2 银 1 铜、团体第三名。2014 年，他带领管道局代表队参加第一届全国石油石化行业焊工职业技能竞赛，获得团体第一名。2015 年，他带领管道局代表队参加河北省总工会焊工职业技能竞赛，包揽个人前三名，获得团体第一名。2017 年 9 月，他带领管道局代表队参加集团公司焊工职业技能竞赛，获得地面炼化组和长输管道组的团体第一名，包揽全部 9 枚金牌；同年 11 月，他带领中国石油代表队参加第二届全国石油石化行业焊工职业技能竞赛，获得团体第一名；不久，他又率领中国代表队参加“一带一路”人文交流——上合组织国家职工技能大赛，获得个人项目特等奖 1 人、金奖 2 人、银奖 1 人，以及团体第一名。

牛连山以管道人的实际行动诠释着工匠精神，也在用手中的焊枪，不断捍卫着更多的荣誉。

杨永磊

1991 年参加工作，现为中国石油青海油田公司格尔木炼油厂焊工，高级技师、集团公司焊接技能专家，青海省劳模（职工）创新工作室、集团公司技能专家工作室领衔人。

自工作以来，参与 40 余项技改项目安装焊接及质量管理工作，炼化装置检修、抢修、维修 500 余次；研究技术课题 70 余项，有 30 项递交专利申请，20 项取得国家专利证书（包括 5 项发明型专利）；多篇技术论文发表于国家期刊；7 项技术申报科技项目，5 项获格尔木炼油厂科技进步奖。

曾获中国石油优秀党员、青海省优秀专家、全国五一劳动奖章等荣誉称号。

石油名匠
SHIYOU MINGJIANG

高原“焊将”“杨石头”

李浏清

眼望昆仑山，脚踏格尔木，他身着工装，在晶莹悠远的蓝天下，站成戈壁里的一株红柳。

焊枪为笔，钢板为纸，心为尺，技为魂，他扎根青藏高原，用 27 年描画绚丽的人生轨迹。

他，就是全国五一劳动奖章获得者，中国石油技能专家，青海油田公司格尔木炼油厂高级焊工师杨永磊。因为爱钻研、爱琢磨，他被同事们亲切地叫作“杨石头”。

淬火　艺痴者技必良

“焊住了！太牛啦，不愧是大师！”

2018 年 6 月，青海油田公司格尔木炼油厂催化装置催化剂管线泄漏抢修成功，避免了装置停工，现场操作人员发出了阵阵赞许声。他们口中的“大师”，在带压、高温条件下攻克堵漏难题的“操刀人”，正是杨永磊。

“鏖战”告捷，杨永磊长舒一口气。恍惚间，他仿佛又看到了 16 岁的自己——

1991 年，杨永磊刚初中毕业，比同龄人更早面临职业方向的选择。

“去当电焊工吧，有一技之长，就等于抱上‘铁饭碗’，在哪儿都饿不着！”

因为父亲的这句话，当年 10 月，杨永磊通过招工走进格尔木炼油厂机修车间管焊班，成为一名炼化设备维修工。

打磨、对接、预热、引弧、运条、收弧到焊缝成形……看着师傅焊出的焊缝平整、均匀、漂亮，杨永磊在羡慕的同时，也暗下决心："我也要做出像工艺品一样的焊接活儿！"

然而，"铁裁缝"的出师之路并不平坦。

"我知道自己学历低，所以更要以勤补拙。"杨永磊说，师傅走到哪儿，他就跟到哪，仔细观察师傅施焊的站位、角度、手法，虚心请教。下班后，杨永磊又利用别人休息、娱乐的时间，在空荡荡的工房里不厌其烦地将技术要领重复了一遍又一遍，经常一练就是一个通宵。

枯燥之外，杨永磊还要忍耐高温的熏烤和呛人的气味。焊枪喷吐的火花一旦落在身上，便会灼坏皮肤，而杨永磊却把烫伤的疼痛，都生生地忍住了。

"我喜欢这行，所以干起来格外有劲头，即使熬夜、受伤也没啥感觉。"年轻的杨永磊认为，苦点、累点、脏点都不算什么，只要能学到真本领，就比吃了蜜还甜。

杨永磊记得，有一次，他跟着师傅去干活儿，工作间歇师傅打盹儿睡着了，他偷偷拿着师傅的焊枪把剩下的活儿全部完成，"师傅醒来，自然少不了一顿臭骂，怕我技术不到位坏他的名声。"

"小杨年纪轻轻，心气却很高，如果学不会、干不完，他真会气得哭。"时任车间副主任汪新文说，那时的杨永磊就像对电焊"着了魔"。

功夫不负有心人，入厂 3 个月后，杨永磊便掌握了电焊初级工应知应会的基本技能，单独顶岗。

27 年过去，拿起焊枪，杨永磊依然像曾经的小小少年那样忘我而专注，他说："做焊接活儿，必须沉着冷静，心无旁骛，眼明手快。"为此，杨永磊至今仍保持着"练手"的习惯。

他的胳膊上、腿上伤疤点点，每一个伤疤，他都能细说出是哪年、在哪个地方、干什么活儿留下的，因为这些都是进步的印记、成长的注脚。

攻关　切磋琢磨成宝器

2018 年 3 月，塔西南化肥厂处理转化炉炉管出现裂纹，生产面临停摆。在本厂技能人员皆束手无策的情况下，塔西南化肥厂将这一“疑难杂症”汇报给集团公司寻觅“良策”。

不久后，杨永磊被集团公司技能专家平台“点将”，接到了这支千里之外的加急“令箭”。

临“危”受命，杨永磊感觉肩头担子沉甸甸的。刚到塔西南化肥厂，他顾不得休息就一头扎进现场，对设备进行“搭脉问诊”。凭借多年经验，杨永磊判断出，由于长期高温运行和晃电等异常工况下的温度波动，炉管内表面形成了 5 至 8mm 的脆硬组织，在多种应力下产生裂纹，修复难度极大。

要干就要“手到病除”。杨永磊从母材金相分析着手，仔细检验断口，掌握化学元素烧损情况和晶粒变化，并按照分析报告，参考原有工艺和相应案例，不断优化焊接方案。经过专题会议和专家审核后，他又连续 7 天坚守现场，亲自指导每一步焊接工艺。最终，泄漏部位一次性修复成功。

高原“悍将”的过人之处不止于此。

青海油田是世界上海拔最高的油气田。在这片“风吹石头跑，地上不长草”的地方，炼化设备维修工常要与酷暑、严寒、风沙、干燥打交道。

气候环境是影响焊接质量的重要因素。青藏高原风大，昼夜温差大，炼化装置安装、检修过程中有 60% 的焊接工作量位于 3 米以上高空，风速每时每刻都超过 2m/s，空气对熔池的侵入防不胜防，下雨下雪也能使焊材、母材因潮湿产生大量气孔，而气温下降又会导致焊接缺陷——氢脆裂纹。

气候环境越是恶劣，越考验电焊工的水平。经过多年实践，杨永磊摸透了各类材料的"脾性"，因地、因时制宜选择满足不同需求的焊接工艺。

2008 年，格尔木炼油厂 30 万吨甲醇装置连续生产运行过程中，带有中压天然气和蒸汽混合气体的管线多次泄漏。杨永磊认真观察了解泄漏介质、压力、作业环境、漏点排量、漏点走向，通过几十次试验攻关，研究形成了"双层引流"技术，成功堵住漏点。

2013 年，厂内甲醇装置废热锅炉管束发生泄漏，管板与管束为合金材质，管板"厚度大，直径大，压力大"，检修现场热处理工艺达不到要求，如果采用原有工艺，就会反复开裂。正当维修人员一筹莫展之际，杨永磊拿出了新方案："铬钼钢管束和管板维修工艺"，让这个"硬骨头"迎刃而解。之后，在废热锅炉的修复中，该工艺又被多次应用，取得实效约 22 万元。

2017 年，催裂化装置一脱气线发生泄漏，整个抢修现场都被高温烟气和催化剂的混合物笼罩，漏点位于高空，还处在法兰与管道之间不到 6cm 缝隙内，十分棘手。杨永磊带着"双层引流"技术再显"神通"，经他和同事们 12 小时的连夜奋战，漏点完全密封，确保了装置的连续运行。

……

厂内纵横交错的管线就是杨永磊最广阔的舞台。自工作以来，杨永磊参与炼化装置检修、抢修、维修 500 余次，利用原创的捻压、引流、应力收严、双层引流等技术处理各种漏点千余处，成为名副其实的炼化装置"守护神"。

"带水怎么焊、带油怎么焊、带气怎么焊、带压力怎么焊、异种材质怎么焊，这些都难不倒杨师傅，每次到了急、难、险、重的关头，第一个冲上去的总是他。"同事李艳的话语中，充满了对杨永磊的钦佩之情。

杨永磊技高胆大、做事果决。任务面前，无论有多大的领导在场，他都能当机立断拿出方案并立马着手去干，凡是他经手的项目建设、装置检修焊接，一次性合格率保持在 97% 以上。

“当然，我也有失败的时候，但不能因为怕失败就不敢干活儿了啊！”对此，杨永磊告诉记者，“没有失败的经验教训，就没有成功的喜悦心情。无论干什么怎么干，只要自己问心无愧，领导和同事都会理解你、尊重你。”

创新　日新者日进

“这是一块凸面镜，配备可伸缩的手柄。采用凸面镜是为增加反射的范围，让焊缝影像更加清晰，降低焊工观察误判概率。镜子边缘有个小灯泡能打亮镜面，灯泡开关在手柄下方，线路通过长杆接到镜面边缘。有了这个工具，就可以伸进管道内部，利用镜面反射原理探看管线内部焊缝情况。”2018 年 4 月，在中国石油组织的“技能西部行”创新成果展示活动中，杨永磊拿着自己发明的“焊口探子”对同行侃侃而谈。

在杨永磊的“百宝箱”中，像这样的“宝贝”还有很多：能提高空冷器的换热效率的电磁空冷器清洗机，为解决高压、异型管堵漏而设计的双层带压密封引流器，充电式等离子和氧-乙炔两用切割机，防雾防霜焊接镜片……

催化剂管线反复磨穿泄漏一直是影响装置运行的重大隐患。为解决这一问题，杨永磊和同事们跑现场、查资料，反复琢磨，最后设计制造出获得国家发明专利的“催化剂管线耐磨器”，延长四级旋风分离器的使用寿命 5 年以上。

创新思维无处不在，无论是在工作还是生活中，杨永磊都爱动脑子。“老杨炒个蒜薹都‘不走寻常路’，炒前要将蒜薹外皮轻轻剥去。他还说这样炒来，蒜薹口感特好。”杨永磊的妻子王琼说，“我自己一试，果然如此。”

创新是一种品质，更是一种影响力。

2012 年 4 月，青海油田公司工会以杨永磊的名字命名的职工技术创新工作室正式成立。3 年后，工作室被集团公司认定为“杨永磊技能专家工作室”。

在成立工作室后，杨永磊更忙了。为让多年来积累下的成果能够显性化，“杨石头”又与“写论文”较上了劲。

“我文化水平不高，只会做，不会说，刚开始半天也憋不出几个字。”为克服这个“拦路虎”，杨永磊见缝插针，业余时间几乎都“耗”在了电脑前。他写了改，改了写，一有灵感便马上记录下来。不久之后，国家核心期刊上发表论文的第一次、合理化建议获奖的第一次、获得国家专利的第一次便纷至沓来。

截至目前,杨永磊先后参与了70余项技术课题攻关,已递交专利申请30多项,20项取得国家专利证书,其中9项技术投入应用,7项技术申报科技项目,5项获格尔木炼油厂科技进步奖,并有20多篇来源于生产又应用于生产的论文发表于国家级期刊,填补了大量国内石油化工行业焊接及修复技术领域的空白。

随着企业发展,生产一线也需要更多技能人才出谋划策。高原“焊将”杨永磊以工作室为平台,将技能和经验毫无保留地传授,带出了一批又一批骁勇善战的“精兵”,工作室成员研发的创新项目投用后获得经济效益近1000万元。

2015年,工作室成员编写了《操作岗位创新问答及案例参考》,成为许多技术人员手头必备的参考书。2016年,格尔木炼油厂国Ⅴ汽油产品质量升级改造项目中,工作室成员又结合炼化装置的焊接特点和各自的焊接经验,完成了《炼化装置焊接程序过程控制方案》。方案投入应用后使工程焊接质量一次性平均合格率保持在97.5%以上,节约焊口返修费用60万元。

2017年12月,催化装置二再外取热顶部的管束发生泄漏,漏电位于半空密密麻麻的管线中。高压达3.4MPa,泄漏蒸汽,高温达300℃,而且手够不着,眼看不到,堵漏限制重重。尝试数个方案无效后,工作室成员李海强、黄义伦决定采用加宽卡具进行处理,通过调试安装顺序和注胶角度,“导管加宽卡具”应运而生。

多年来,工作室已培养出石油名匠培养对象1名、优秀青年技术英才培养对象1名、技师5名以及技能骨干200多名。身为工作室负责人,杨永磊所编写的《劳模创新工作室创建与运作范例》一书首次发行量便突破了3000册。

焊花耀眼,但也短暂,杨永磊却能把这份短暂无限延长。在平凡的岗位上,他源源不断地散发光与热,照亮了更多石油工人的技能之路,也让自己不平凡的“电焊人生”更加熠熠生辉。

杨新勇

1987 年参加工作，现为中国石油东方地球物理勘探有限责任公司长庆物探处钻井运输服务中心汽车修理工，高级技师、集团公司汽车修理技能专家。

先后获得西部大庆劳动竞赛标兵、集团公司劳动模范、第三届河北省能工巧匠、宁夏回族自治区“创优质产品、创优质服务能手”等荣誉称号。

汽车“主刀大夫”

叶海晨

第一次见到杨新勇，就感觉到他身上散发出的憨厚、朴实的气息。他的同事也说：“杨新勇心态很好，整天乐呵呵的。不管遇到什么事情，他都能积极面对。”

作为中国石油东方地球物理勘探有限责任公司长庆物探处钻井运输服务中心修理厂的汽车修理技能专家，杨新勇在30多年的职业生涯中，脚踏实地，刻苦钻研，逐渐成长为一位技能大师。

在这一过程中，杨新勇经历过许多坎坷，面对过许多困难，却始终怀揣一颗工匠之心……

初出茅庐　成长之路坎坷

1984年，杨新勇初中毕业，考入宁夏石油技校柴油机司机专业，学习操作大型柴油机。

1987年，杨新勇从技校毕业，与班里另外9名同学一起被分配进入长庆物探处设备保养站。长庆物探处是一个地质勘探单位，拥有许多野外作业车辆，需要大量汽车修理工，杨新勇和同学们便被安排修理这些大型车辆。

杨新勇的老同事、现任钻井运输服务中心主任的邹剑回忆说：“杨新勇刚来时，默默无闻的，与其他修理工没有什么区别。”当时，杨新勇与其他年轻技师们被分进了各工作组，杨新勇所在工作组由方师傅和张师傅负责带领。

这两位师傅的专业技能水平非常出色，经验丰富。他们常常带着杨新勇一起工作，并在工作中就具体的操作技巧手把手传授杨新勇。杨新勇的专业技能水平得到了很大提升。工作之余，杨新勇喜欢看一些汽车修理方面的书籍，如果在书里看到一些没见过的小器械，他就拿着书，去问师傅厂里是否有类似的小器械，如果有，就拿回去对着书研究。杨新勇回忆说："当时，我是一心想把书本上的东西都吃进去。"

那时候，单位实行工时制，工作时间越长，挣的钱越多。由于之前在组里分配到的工时较少，挣的钱也不多，为了能多挣点钱，1990 年，杨新勇和厂里另外一位年轻技师离开原工作组，出来独立干活儿。提及这段往事，杨新勇说："那时比较年轻，感觉学了几年后自己很行，有一种冲劲，想独立了，就和别人出来单干了。不过，当我真的出来单干之后，发现不是那么回事。"

杨新勇说得没有错。两个人出来单干没多久，杨新勇就遭遇了职业生涯的第一次重大挫折。在一次安装修理机器的过程中，吊装钢丝绳意外滑脱，机件掉了下来，将他无名指砸断了。事故发生后，杨新勇立刻被同事送往医院，但依然没有保住手指。"当时，我都不敢告诉我家里人。直到后来，我妈发现我身上有些异样，才知道是怎么回事。"

这件事，让杨新勇意识到，从事汽车修理工作并非想象中那么容易。在休养了一段时间后，杨新勇又回到原单位继续工作。

努力钻研　渐成技能好手

1995 年，杨新勇回到前身为保养站的机修站，继续从事汽车修理，特别是修理柴油机喷油泵的工作。随着社会上的车型越来越多，车辆的修理需求也不断增加。当时，使用的设备主要来自德国奔驰乌尼莫克系列、曼集团公司及日本的丰田等的产品。杨新勇说："这些是当时世界上非常先进的设备，使用起来对人员素质的要求是很高的。可以说，是这一批进口设备锻炼了我。"

由于汽车构造和设计更加先进，若用常规手段修理，不一定能解决问题。杨新勇说，他每次遇到难以解决的问题，心里都会不得劲，总会想方设法去解决。如果实在解决不了，领导会派更得力的修理工来解决。此时，杨新勇会仔细观察

别人是如何操作，等解决完了，再去查找各种资料。“不能说弄完了就弄完了，这也是一种学习的方式。”杨新勇说。

1997 年的一个三伏天，厂里有一辆奔驰乌尼莫克 1550 型越野卡车出现了难启动的现象。当时，一支野外队要用车，队员们便使用启动液进行辅助启动。后来，车辆成功启动，且所有指标都显示正常，这引起了大家的疑虑。杨新勇根据经验，将车辆的喷油泵进行解体拆看，发现喷油泵柱塞偶件出现了磨损。柱塞偶件是不可修复件，需要进行更换。当时，这辆越野卡车进厂只有 3 年，该喷油泵型与其他常见泵型有一定差别，杨新勇对其了解不多，暂时无法进行修理。之后，这辆大卡车一直停放在厂区里。杨新勇回忆说：“这辆车在厂区里放了半个月。那段时间，我天天上班，进来了看看这辆车，出去了还看看这辆车，心里很不是滋味。”在这种情况下，一般修理工通常会等单位购进新的柱塞偶件，但杨新勇却在想，有没有其他办法把车修好，让车尽快重新投入使用。

杨新勇跟厂里的一位师傅讨论，能否在这辆车上使用性能略低的奔驰乌尼莫克 1700 型越野卡车的喷油泵，相当于在一个型号更高档的车上装一个稍微低档一些的泵。杨新勇认为，1700 型越野卡车在厂里使用时间比较长，他对这款车的喷油泵的构造、性能也更加熟悉，且厂里有充足的备用泵。使用这款喷油泵，操作起来必定会更加得心应手。

杨新勇的想法，得到了这位师傅的赞同。于是，杨新勇他们开始了改装、更换喷油泵的工作，以使 1700 型越野卡车的喷油泵在 1550 型越野卡车上更好地运转。很快，杨新勇就成功完成了改装，这辆在厂区停放多时的大卡车也重新投入了使用。“我的心里很有成就感。这辆车一直到后来报废，都在使用我改装的喷油泵。”杨新勇说这句话时，语气中流露出自豪感。

技艺传承　无私分享经验

杨新勇告诉记者，早年间，技工的文化层次和理论素养都不太高，主要是靠着一代代匠人的言传身教和实践操作积累经验。但到了他们这一代，技工都接受了一定的文化教育和正规的技工教育，理论素养较之过去有了很大提高。于是，他在成功解决喷油泵的问题后，萌发了将整个改装过程撰写成论文的念头。

写论文并非易事。由于之前没写过论文，杨新勇不知道论文该如何写，于是，他只好在平日里慢慢积累素材。“当时，我是想起来啥就记下来。比如想起了出油阀压紧座是怎么改装的，就记在这张纸上；想起齿轮是怎么改装的，就记在那张纸上。到最后，也没有形成总体的思路。”杨新勇回忆说。

写完后，杨新勇将这些纸张交给了好朋友、单位的另一位机械工程师吴敏亚。他对吴敏亚说，自己只是把改装喷油泵的过程写了下来，请她帮忙输入电脑里，看看能不能发表。吴敏亚拿着这些大大小小的纸张，很惊讶，也非常感动。吴敏亚将这些纸张上的内容输入电脑，再将各种内容按顺序和逻辑进行调整，最后整理成一篇文章，并打印出来给杨新勇看。

杨新勇看到文章后，非常兴奋，他想，之前以为自己写不了论文，现在看来，自己不仅能改装设备，还能将改装过程写成论文。后来，杨新勇又对文章进行了八九次修改，修改后将论文投到《物探装备》杂志。很快，文章就在该杂志

1999年第3期上正式发表，这篇论文也成为杨新勇发表的第一篇论文。“文章刊出后，心里很愉悦，很振奋，对自己是个很大的激励。”杨新勇回忆说。

之后，杨新勇每次完成一项技术改造，或积累了一些新的修理经验，都会写下来，请单位里的大学生、工程师帮忙理清思路、写成论文。再后来，杨新勇自学电脑，写论文、画图制图，并将论文发表出来。杨新勇说，发表论文是希望让其他同行知道自己的工作是怎么做的，也能将自己的经验发布和推广。

目前，杨新勇已经在各大刊物上发表了20多篇论文，为同行们的工作提供了宝贵借鉴。

记者在浏览杨新勇发表的论文时，发现了一个现象，即他发表的论文没有一篇是独立署名的。对此，杨新勇告诉记者，工作常常不是一个人就能做好的，要做就应该一起做、一起商量、一起钻研。写论文也是如此，一篇论文常常会凝聚许多同志的智慧，即使别人只是提了个小建议、帮了个小忙，也要把人家的名字加上去。“这有利于他人工作能力的提升，也有助于我工作的开展。”杨新勇说。

成为榜样　走好创新之路

技术能力、理论水平提升了，但杨新勇没有停下学习、钻研的脚步，并取得了一系列荣誉。2003年，杨新勇考上宁夏大学成人教育学院汽车维修教育专业，获得大专文凭。2005年，杨新勇获得东方地球物理勘探公司岗位明星奖励，从此开始在单位崭露头角。2006年，杨新勇被东方地球物理勘探公司聘为企业技能专家，并被宁夏回族自治区授予创优质产品、创优质服务能手的荣誉称号。一时间，杨新勇成为公司的榜样人物。

成为榜样人物后，杨新勇深感责任重大，他将精力更多花在了创新工作上。

其实，杨新勇的创新工作早在很多年前就开始了。一次，杨新勇着手尝试喷油泵柱塞偶件进口配件国产化替代工作。当时，他翻阅大量国内外资料，根据自己多年积累的经验，经过尺寸对比、结构对比、车型配属等多道程序的试验，终于成功找到了进口柱塞偶件的国产化替代品。

“当时，我只是喜欢动脑子，喜欢对一些小机械进行改造，并研制发明一些小工具，目的就是为了提高生产效率，但并没有意识到是创新。”后来，领导、同事对他说，这就是创新。杨新勇的干劲更足了，并取得了丰硕的成果。杨新勇回忆说："我每次进行完一项技术改造，或者研制发明了一些小设备，并投入到生产活动中去，都有一种成就感。"

在众多发明创新中，单体泵试验台是杨新勇最得意的一项发明。

一次，杨新勇到野外队修理车辆，发现许多只依茨 BF6M 发动机的燃油喷射单体泵被换下来了，一堆一堆地扔在工地旁。野外队队员们告诉杨新勇，这些单体泵都不能用了。以杨新勇的职业敏感性，他认为野外队队员并不具备判断单体泵是否能继续使用的能力，他对此心生疑惑。

杨新勇将现场的 60 多只单体泵都带回单位，花了七八个月的时间设计制作出了单体泵试验台，以检测单体泵的性能。经检测，这 60 多只单体泵中，有 40 多只能够重新运用于生产，他便立即将这些单体泵修好，重新拿到野外队投入使用。单体泵试验台的发明，提高了单体泵的重复使用率，为企业节省了成本，此后，野外队只要遇上了单体泵故障，都会带回单位，请杨新勇检测。

2011 年，单体泵试验台被国家知识产权局授予实用新型专利。同年，东方地球物理勘探公司成立了以杨新勇名字命名的创新工作室。杨新勇带领工作室全体成员，掀起了科技创新的高潮，先后取得 3 项国家专利，为企业发展创造了巨大的经济效益。

兢兢业业　践行工匠精神

从 2010 年起，杨新勇多次被中国石油、河北省、东方地球物探公司、长庆物探处授予能工巧匠、劳动模范、优秀操作手、岗位明星等称号。2015 年，杨新勇更是被中国石油评为技能专家，这对他来说，可谓一个莫大的荣誉。对此，杨新勇说："对荣誉，我很珍惜，但也看得很淡。"当谈到能取得这么多荣誉的原因时，杨新勇说："我做汽车修理工，不只是单纯地完成日常的工作，更是要倾注一种感情、一种思想。"这也正是杨新勇身上所展现的工匠精神。

对杨新勇取得的这些成就，公司上下无不表达出钦佩之情。邹剑评价他："杨新勇的知识面很广，能充分做到理论与实践相结合。"

陈鹏是杨新勇的得意弟子，两人相识已经有 10 多年。提到师傅杨新勇，陈鹏说："杨工是一个理论知识很丰富的人。他工作特别认真，每次遇到情况，他都会与我们讨论，并与我们一起思考，学习新知识。之后，杨工会带着我们一起

干，锲而不舍，一定要把问题解决。”

2016 年，在一项地沟覆盖板研制项目中，杨新勇既干钳工，又干焊工，同时，他还经常和陈鹏上街采购材料，加班加点，终于研制成功。同年，两人在研制轮胎迁移车时，陈鹏提出了自己的想法，但限于知识水平有限，他觉得不一定能取得成功。对此，杨新勇鼓励他：“即使有难度，咱们也要试试，不行就重新学。”后来，杨新勇带着陈鹏，一起查阅书籍，最终克服困难，取得了满意的成果。

30 多年来，杨新勇一直非常热爱汽车修理工这份工作，并倾注了大量心血。即使荣誉加身，他依然在汽车修理的岗位上兢兢业业地付出着、奉献着。

1993 年 6 月，杨新勇的妻子正在坐月子，杨新勇在家里照顾妻子。突然有一天，杨新勇接到单位通知，称在甘肃平凉某工地的几台推土机坏了，要他前往修理。杨新勇立刻启程，前往平凉。临行前，妻子告诉他，安心工作，不必挂念家里。半个月后，杨新勇回到家中，他望着妻子，内心充满了愧疚。杨新勇说：“当时接到通知后，我的第一反应是，公家的事情比个人的事情重要。现在想起来，我非常感谢妻子的支持。我今天能取得这么多荣誉，有我妻子一半的功劳。”

一次，领导见杨新勇工作太辛苦，想让杨新勇去担任工作更轻松的质检员，但被杨新勇婉拒了。杨新勇认为，汽车修理工对车辆结构的了解比质检员要透彻，这有助于自己能力的提升。他还打了个比方：“在手术台上，是主刀大夫还是麻醉科大夫对人体结构的了解更清楚？虽然麻醉科大夫对人体结构的了解也很清楚，但主刀大夫是拿刀子的，能对人体结构进行更深入的研究。我就想做一名‘主刀大夫’，深入研究汽车结构，将每一辆出故障的汽车修理好。”

张凤光

1992 年参加工作，现为中国石油抚顺石化分公司工程建设有限公司仪表维修工，高级技师、集团公司仪表技能专家。

张凤光进行高压泵连锁控制系统改造，每年为企业节约资金 500 余万元；温度多路转换系统在加热炉中应用，为企业直接节约资金 300 余万元；高密度聚乙烯粉料称控制器实现无扰动切换，被评为中国石油炼油与化工专业创新成果二等奖等，为抚顺石化节约资金近 5000 万元。

曾荣获抚顺市工人技能专家、抚顺市工匠等称号，享受国务院政府特殊津贴。

化工仪表大工匠

游　翀　国殿勇

他从技校毕业，却自学英文，专啃国外进口设备的英文说明书，从业 26 年收集的技术资料装满了两个容量为 500G 的硬盘。

他熟记炼化装置的操作原理和容易出现的故障点，把庞大复杂的逻辑程序储存在头脑里，大家佩服地称他为“活流程”。

他为人谦虚低调，却是同事和领导眼中“公司的宝贝”。当炼化装置出现故障，所有人束手无策时，他总能及时排除隐患，多年来为企业节约资金 5000 万元。

他就是中国石油抚顺石化工建一公司仪表车间技术员、中国石油仪表技能专家张凤光。

学技术初试身手

1992 年，张凤光从技工学校弱电专业毕业后，来到抚顺石化公司基层车间，从事原油蒸馏仪表维护工作。刚入行时，车间老师傅对张凤光言传身教，毫无保留地传授技术要领。“上班第一天，跟着老师傅调试仪表，我就有兴趣。处理好仪表问题，我就有成就感。”张凤光说。

作为石油化工行业的神经，自动化仪表系统决定着生产过程的稳定与高效，故而对仪表维护人员的工作能力、故障判断能力和业务水平提出极高的要求。

张凤光回忆，那时总觉得自己知识水平比较“浅”，特别喜欢阅读和摘抄各类仪表说明书，研究配管配线图，归纳总结同类问题，写下了5万多字的仪表维护方面的心得笔记。后来，有了电脑，张凤光又把这些笔记一个字一个字敲入电脑中。

谈起对张凤光的印象，工建一公司仪表车间主任耿大富这样评价：“凤光给我的印象就是一个字——钻！我俩刚参加工作时就在一起，他没有业余爱好，就是爱阅读、爱搜集技术资料，现在都装满两个500G的移动硬盘了。”

根据耿大富回忆，张凤光1992年入厂，仅用了4年就成为施工组长，而在正常情况下将一名青工培养成主力，至少要七八年时间。因为勤奋好学、刻苦钻研，张凤光迅速成长为行业佼佼者。

1994年，拥有11个厂区的抚顺石化将仪表由分布式向集中式进行安装，张凤光参与了这项庞大的工作。张凤光说，这是自己的“第一次成长”。

张凤光从技校毕业之后，英语单词多年来一个一个“硬啃”，逐渐具备熟练阅读英文资料的能力。“我是技校生，英文基础不好，口语也不行，阅读英文说明书就靠一个一个查单词，字典都翻烂了几本。”张凤光谦虚地说。

古人云：不积跬步，无以至千里；不积小流，无以成江海。无论多么远大的

理想和伟大的事业，都必须从自己热爱、喜欢的行业一点一滴做起，从最平凡处一点点积累。张凤光凭借对仪表维修专业的热爱和对企业忠诚的工作态度，一次又一次解决企业生产技术难题。

展技能攻坚克难

2012 年，抚顺石化新建年产 80 万吨的乙烯装置，张凤光从炼油装置仪表维护转向化工装置仪表维护。

乙烯是石油化工产业的核心，占石化产品的 75% 以上。目前，我国炼油装置的国产化率达到 70% 以上，但化工装置大多采用进口设备，自动化程度更高。

2012 年 8 月，抚顺石化“80 万吨大乙烯工程”四个启动项目之一、从丹麦引进的高密度聚乙烯生产装置处于开工调试期，由丹麦技术专家负责调试。

由于石油化工生产操作管道化、流程化、全封闭等特点，尤其是现代化的化工企业自动化水平很高，工艺操作与检测仪表密切相关，工艺人员通过检测仪表显示的各类工艺参数，诸如反应温度、物料流量、容器的压力和液位、原料的成分等来判断工艺的生产是否正常，产品的质量是否合格，根据仪表的指示加量或减产，甚至停车。

调试后期，来自丹麦的两位技术专家发现，有一个原料计量表无法正常运转，经过 3 天调试，始终找不到问题所在。丹麦专家提出整体更换原料计量表，而返厂换件需要一个多月订货周期，整个项目启动就会耽搁，更何况装置若退料停车，静待一个多月会造成巨大的经济损失。

一面是束手无策的丹麦专家，一面是急等开工的大乙烯工程，无奈之下项目负责人找到了张凤光。以往从未接触过此类故障的张凤光，手头上所有的资料只是一张写着英文的仪表设置菜单。

张凤光攀上 4 层楼高的工作台对计量表进行反复检查，最终查出了问题所在：传感原件输出信号出了问题。问题发现了，究竟能不能维修？张凤光把流量表拆了下来，带回休息室进行拆解，发现内部的集成线路脱焊了。

张凤光从没接触过相关技术，大胆提出减少中间接线环节的想法。他将同轴电缆两端接头进行处理，输入端直接焊接在该表内部集成电路板上……经过一系列改造、测试，故障排除了，高密装置项目正常启动了，为企业挽回了 1000 余万元经济损失。

丹麦专家看到生产线运转良好，高兴得一个劲地拍张凤光的肩膀。鉴于张凤光在大乙烯建设中的突出表现，他获得了抚顺石化 80 万吨大乙烯开车成功“个人一等功”荣誉称号。

抚顺石化公司副总工程师、抚顺石化工程建设有限公司总经理于臣义说：“在抚顺石化 80 万吨大乙烯建设中，张凤光迅速地适应了企业发展的形势和需求，由炼油装置仪表维护转向炼化装置仪表维护，特别善于解决各类技术难题和故障。”

于臣义介绍，抚顺石化 80 万吨大乙烯工程的化工仪表基本都是进口设备，不论是现场仪表还是控制系统仪表，都属于世界前沿水平，维修难度大，且技术资料均是英文。

“石化企业主要有仪表工、操作工、电工、钳工、安装工和化验工等 6 大工种，乙烯装置自动化程度很高，平时在生产现场看不到一个人，基本上都是远程控制，而仪表是整个控制系统的眼睛，仪表工的工作尤为重要。”抚顺石化工程建设有限公司一分公司仪表车间技术员彭云江说。

“自动化程度越高，操作工的工作就越简单，但对仪表工的要求就越高。”彭云江打了一个比方，“现在，傻瓜相机操作越来越简单，使用者只要按下快门就行了，光圈、焦距由相机电子程序自动设定，但傻瓜相机的维修越来越复杂。”

近年来，张凤光负责抚顺石化烯烃厂高密度聚乙烯、低密度聚乙烯、聚丙烯三套装置的现场仪表及可编程逻辑控制器系统维护工作。

2012 年，抚顺石化烯烃厂正式投产，低密度聚乙烯装置挤压机由日本神户制钢供货，日本专家在试车成功后便撤出了，若后续提供技术服务，每人每天的费用是 1500 美元。

对于庞大的乙烯装置而言，一旦出现生产故障，邀请外国专家不仅维修费用非常高，而且装置一旦退料停车，将造成巨大的经济损失。

低密度聚乙烯在工业上的用途很广泛，3 粒米粒大小的低密度聚乙烯颗粒就可以制造一个矿泉水瓶。罐线林立的乙烯装置是一个非常庞大的生产系统，任何一个测量仪表出现故障，都会对整个生产工艺流程带来麻烦，甚至造成生产工艺的中断或引起安全问题。

为了把生产工艺熟稔于心，张凤光将低密度聚乙烯装置挤压机的可编程逻辑控制器程序装到自己电脑中，一有时间便埋头钻研，反复推演和仿真，将程序逐步吃透，烂熟于心，通过不断自学和积累，6 年来从没因挤压机出现问题请过日本专家提供技术服务。

不光如此，2013 年初，张凤光发现低密度聚乙烯装置挤压机机组工艺冷却水系统的两台水泵逻辑存在问题，给挤压机造粒系统带来极大危险，甚至可能损坏机组。他提出的逻辑修改方案经试验安全可靠，并得到日方的认可后投入使用。现在，修改成功的逻辑程序已被日方设计人员带回神户制钢推广使用。

2018 年元旦前夕，低密度聚乙烯装置挤压机突然停车，张凤光接到通知后立即赶往现场查找原因。挤压机可编程逻辑控制器程序是顺序控制系统，查找问题极其繁琐，需要将前面每一步程序段、近 60 个点连锁条件全部查找一遍。

经逐一排查确认，张凤光发现，报警信息里出现的连锁条件并不是导致停车的原因。8 个小时过去了，停车原因始终找不到，每多耗一个小时，挤压机就要多浪费 8 吨物料。“当时，挤压机现场到处都是成吨的白色聚乙烯废料，所有人的神经都快到了崩溃的边缘。”彭云江回忆，而再多耽搁一个小时，低密装置就要全面停车，最终引起烯烃厂生产波动，造成更大的经济损失。

突然，张凤光急中生智，想到可以尝试着延缓每一个程序段的时间，逐一查看每条逻辑的运行情况。当挤压机运行到切刀的程序段时，他发现切刀已经运行到位，但反馈开关的信号滞后了零点几秒，这一瞬间的时间差导致挤压机停车。反馈信号虽然慢了一点，但也能传回到可编程逻辑控制器程序内，所以不会出现在报警信息中，导致仪表维护人员无法在第一时间判断问题。

找到问题后，张凤光如释重负。他马上赶到挤压机现场，判断反馈开关由于高温动作而滞后。挤压机机体核心部分的温度在 260℃以上，虽然机体外壳有很厚的隔热层，但仍透出 200℃左右的高温。

为了避免物料聚合损坏设备，挤压机在停车期间也不能降温，仪表维修人员的施工难度可想而知。张凤光只能冒着高温，戴着手套拆卸精密的反馈开关，处理完故障已到凌晨 2 点。时值冬月，在抚顺 -30℃的严寒季节里张凤光累得大汗淋漓，但望着再次运转起来的挤压机，他觉得特别幸福和满足。

传技艺硕果累累

2018 年 6 月 6 日，集团公司技能专家工作室考核评价组一行四人来到抚顺石化公司，对张凤光仪表维修工技能专家工作室进行考核评审。经过一天的考核检查，专家们对工作室给予了高度评价。

早在 2014 年，抚顺石化就成立了以张凤光的名字命名的工作室，工作室涉及维护烯烃厂 18 套各类装置，包括进口、国产仪表设备近 1.8 万余台（件）。

张凤光运用高超的技术和多年积累的丰富经验，带领工作室团队针对维修维护中的难题进行小改小革和技术攻关，仅 2018 年上半年，工作室就结合烯烃厂装置生产实际完成了 20 个整改项目，解决了 100 余项困扰生产的难题。

张凤光在 2001 年、2004 年两次获得抚顺石化公司职业技能竞赛仪表组冠军，2005 年获得中国石油职业技能竞赛铜牌。此后，他便担任抚顺石化教培中心仪表工培训兼职教师，还参与了《仪表维修工》《仪表维修工教材》中可编程逻辑控制器原理及故障分析处理方法的编写工作。

对徒弟，他是倾囊相授，毫无保留。两名徒弟彭云江、刘丹谈起张凤光对他们的培养，都感动不已："我们都觉得他是一个无私的人。2013 年我们参加全国技能大赛，他把仪表维护方面的知识全都传授给我们。我们在辽阳市辽化机电研修中心培训，遇到难题，师傅就从抚顺坐客车来指点，再连夜坐客车回去，不耽误第二天上班，我们特别感动！"还有一次，为了节省徒弟的训练时间，张凤光对抚顺石化新购置的校验设备研究了一夜，第二天一早，他没休息就直接给徒弟传授技术要领。

徒弟的成绩是对他最好的回报，2012 年，他培训的 4 名选手在集团公司职业技能大赛上获得三银一铜的好成绩；2013 年全国技能大赛上，他培训的 3 名选手获得团体第三名；2017 年全国仪表行业大赛，他培训的 3 名选手又获得团体第二名的好成绩；在抚顺石化公司举办的技能竞赛及抚顺市技术运动大会上，他的徒弟高峰、彭云江多次获得第一名的好成绩。

一个人带出了一个团队，他是抚顺石化工建一公司的瑰宝，是装置平稳运行的重要基石。

耿大富还回忆，烯烃厂在 2012 年投产初期，因为新装置设备选型问题、操作工对新工艺不了解等多方面原因，生产很不稳定。“加班是常事，有时连续几天不能回家。”耿大富回忆起那段日子仍然记忆犹新，“张凤光天天蹲在现场调试仪表，回来后还要研究技术资料，他的后背就是那段时间累驼的。”

现在生产早已平稳，但张凤光每年也要加班十几次处理棘手问题。不管是节假日休息，还是深夜熟睡中，一接到电话，他都立即打车赶赴现场，从无怨言。

仪表技术日新月异的发展，对仪表维护人员的技术水平、职业素质的要求也在不断提高。已站在行业顶峰的张凤光仍然谦虚地说：“作为集团公司技能专家，我深知自己的责任。我还应加倍努力，创造出更多更好的科技成果和技术发明，来回报培育我多年的企业！为抚顺石化创造出更多的经济效益。”

潘大龙

1988年参加工作，现为中国石油大庆石化分公司炼油厂仪表车间DCS班班长，高级技师、集团公司仪表维修技能专家。

带领班组完成多项技术创新、难题攻关，班组被评为中国石油先进班组。曾获大庆市技术能手、大庆市知识型职工、黑龙江省五一劳动奖章、黑龙江省优秀共产党员、全国五一劳动奖章等荣誉，享受政府特殊津贴。

“神经中枢”的掌门人

鞠 涛 杨 峰

在中国石油大庆石化公司炼油厂仪表车间，有一个 DCS 班。这个班维护着全厂 44 套生产及辅助装置、33 套控制系统、7747 台（件）仪表设备，有 1534 个关键控制点、19287 个监视点。这是一个名副其实的高技能团队，成员个个都是车间精挑细选的精兵强将。

这个班的班长，是一名技校毕业生。他虽然没有在大学课堂上过课，手下的兵却全都是大中专毕业生；他从一名普通工人做起，成长为行业状元、技能专家；他不善言谈，却带出了一支走在全厂科技前沿的精锐兵团；他带的班获得中国石油先进班组殊荣，他本人也获得全国五一劳动奖章、黑龙江省五一劳动奖章等荣誉。

他，就是大庆石化公司炼油厂仪表车间 DCS 班班长潘大龙。

初进厂一心钻技术

1988 年，潘大龙从大庆石化总厂技工学校毕业，被分配到大庆石化公司炼油厂仪表车间动力站班，从事仪表现场维护工作。从小就非常喜欢与电子类产品打交道的潘大龙，心里别提多高兴了。

上小学的时候，家里的闹钟不知被潘大龙“修”坏了多少个，收音机也不知道被他拆开过多少回。上班后，他喜欢这个行当，每天就像上满的发条一样，把学习技术、练习技术当成自己最快乐的事。别人上班的时候他上班，别人下班的时候他还在班上。

为了尽快掌握仪表操作技能，潘大龙几乎放弃了所有业余时间，一门心思都扑在钻研技术上。《自动化仪表》《无线电技术》《计算机应用》等十几本专业书籍，每一本都有一两指厚，他在两年的时间里全部研究得明明白白。

有一次，硝氨装置的电子秤出现偏差。为了尽快排除故障，他待在刺鼻的厂房内，反复查看图纸，“解剖”机器部件。即便到了吃饭的时间，他也是一边啃着馒头，一边反复研究图纸，丝毫不顾忌刺鼻的氨味。经过两天两夜的奋战，终于查出了问题所在。他不仅修好了电子秤，还使其精度有了很大提高。

仪表车间领导看到潘大龙勤奋钻研，技术水平提升得很快，认为他是一个可塑之材，于是决定给他加担子，让他好好磨练。入职后不久，他就作为班组主力，担任维护原油稳定的岗长。之后，他完成了动力站水处理改造、硝氨氧化炉温控系统改造、原稳机组保护探头改造等一项又一项重点任务。

拔尖人才考试脱颖而出

20世纪90年代中期，随着我国炼油事业的发展，一些先进技术得到推广应用，炼油厂新上了很多套DCS，装置仪表自动化程度得以提高。

DCS是集散控制系统的简称，被称作生产装置的“神经中枢”，生产过程的操作调整、关键设备控制点、连锁点等，都与之相关。DCS频繁发出生产指令，控制着装置运行的每一个动作。“神经中枢”一旦出现故障，那么生产装置将面临很大危险，轻则影响装置平稳生产，重则装置失控，造成重大损失。

为了适应DCS应用的需要，仪表车间准备成立DCS维护班。由于这个班专门为炼油厂的DCS提供专业化管理服务，这就要求团队成员不仅技术水平高，而且要懂英语。

为了更好地选拔和培养DCS方面的人才，1996年，仪表车间举办了第一届拔尖人才考试。当时，车间仅仪表行业的大中专毕业生就有50多人，有着数十年仪表工作经历的技师、技术能手更是比比皆是。谁也没有想到，潘大龙竟然以计算机理论与实际操作成绩全部满分的成绩，从400多人中脱颖而出。

由于在考试中的突出表现，潘大龙被破格从原来的仪表维护岗位调入到技术难度大、知识结构新的 DCS 班。首届 DCS 班成员在仪表车间都是技术尖子，被员工称为“王牌部队”。潘大龙十分珍惜这次难得的机遇，再一次投入到对知识的求索和技术难点的征服中。

从 200℃到 700℃，这不是熔炉或溶液的温度，而是潘大龙进入 DCS 班后一年的时间里，眼镜增长的度数。仪表行业是技术不断更新的行业，新的问题总是不断出现。每当遇到弄不清的问题，他一“闷”就是大半天，有时甚至不吃饭，直到琢磨明白。晚上值夜班时，有人休息了，他还在学习和琢磨。妻子心疼地劝他少看点书，可他这边答应着，那边又扎进了书堆……

DCS 班刚组建，就接了个大活儿。1997 年，为了提高蜡系统生产效能，炼油厂组织酮苯糠醛技术改造，其中一个重要项目就是引进仪表自动控制系统，这个系统在国内也是首次应用。由于设备所有的安装施工图纸、组态资料、操作界面、绘图软件都是英文，专业性特别强，对于潘大龙这个技校毕业生来说更是一个严峻挑战。

怎么办？学！

潘大龙找到了一本科技英文字典，“宝贝”时时不离身，单词一个一个查，句子一段一段译。字典都快翻烂了，硬是把一本厚厚的英文资料翻译了过来，顺利完成了仪表安装、接线、组态、调试等全部施工任务。

为了方便操作工的日常操作，潘大龙和同事一起想办法，用电脑的画板把汉字“画”出来。然后，根据原图的大小、位置，镶嵌到流程图画面上，制作出动态、汉语标注的流程图，实现了自动控制系统的“汉化”。这一创新，避免了由于语言障碍操作不当造成生产事故，得到了公司专业人员的肯定。

任班长连破难题

2002 年，装置仪表自动化程度进一步提高，车间 DCS 班维护的区域扩大到炼油厂一重、二重、二套等 10 余个重要的生产车间，工作内容更多了，承担的责任更大了。由于系统型号多，设备故障随意性较大，不便于工作人员掌握系统性能，也不利于日常维护。当时，DCS 班又发生了变化，不少业务骨干被调到新

的工作岗位上去了。面对领导的信任、同事的支持、工作的需要，2002 年 4 月，潘大龙担负起 DCS 班班长的重任。

2003 年 10 月，硫黄回收装置的 DCS 由于不间断电源晃电，连续发生四起停电事故。由于晃电装置已经发生多次波动甚至面临停工状态，情况十分紧急。厂家查找晃电的原因，确认为不间断电源故障。此后，由不间断电源厂商、供电车间、仪表车间、工艺车间等负责人共同研究解决方案。

大家集思广益，尽可能寻求一种既能保证装置正常生产，又能处理不间断电源故障的方案。一方面，要保证 DCS 供电，装置正常运行；另一方面，要停下不间断电源进行维修。让装置停工，拆下不间断电源，是最安全的方案，可装置停工面临着一重、二重两套装置的酸性水无法处理的问题，严重影响炼油厂的生产。

公司、炼油厂的技术负责人都来到了现场，可讨论来讨论去，谁都没有想出两全其美的方法。同事又一次把目光投到潘大龙的身上，期望平时有很多点子的他能想出解决问题的良方，尽快解决问题。

经过深思熟虑，潘大龙提出了一个大胆得别人想都不敢想的方案，一些人持有怀疑的态度。而他凭着对电器电路、DCS 供电情况的透彻理解，向大家详细分析这个方案的可行性。终于，方案得到大家的一致认可，报请公司领导批准后，迅速实施。按潘大龙的方案成功拆下不间断电源进行维修，保证了装置正常生产。

工作中，难题总是解决了一个，又来一个。

2004 年 8 月，一个系统操作站死机，多次启动均告失败，经过仔细检查后确认为硬盘损坏。此时，操作站因无法启动，操作员不能通过操作站看到机组监视画面，只能通过辅助仪表盘进行操作和监视。一旦生产出现波动，连锁动作造成机组停机需要重新开机时，将无法进行监视操作，直接威胁着整个装置的安全生产。

潘大龙连夜做好紧急处理预案，将硬盘拆下进行处理。经过多次检查测试，硬盘仍然无法正常工作。而这种老版本的硬盘在市场上根本买不到，唯一的办法是重新安装系统软件。之前是在深圳一家公司技术负责人的指导下，完成了安装

系统软件的任务。而此时，这家公司已经解体，又没有相应的技术资料。潘大龙就在网上搜相关资料，一步一步地耐心处理。"命令"字符引导着软件在硬盘中找到"归宿"，潘大龙终于在凌晨将硬盘安装到位，操作站顺利启动，系统恢复了正常，确保了装置的安全生产。

棋高一着带出先进班组

一枝独秀不是春，百花齐放春满园。

为了提高全班员工的实战能力，潘大龙组织大家利用闲置设备，建立了一个经济适用的仿真培训基地。每一个系统投入使用之前，员工都要在基地进行多次模拟演练，达到"人机合一"。这样练下来，每一个新系统的投用成功率都达到100%。

干中学、学中干，是提升员工处理实际问题能力的有效途径。在这个事情上，潘大龙更是棋高一着。他总结出的"四个环节、三个课堂"即"四三培训法"，成了DCS班培训的"重头戏"。"四个环节"包括:请教环节,分享环节,互补环节,拉动环节。"三个课堂"包括:装置一线成课堂,检修现场成课堂,攻克难题成课堂。

2009年，重油催化装置仪表DCS与一款工艺系统同时进行改造，任务相当紧迫。而班里学习过相关原理的只有林柏松和刘爽，全班人员就拜他们俩为师，集中听课，很快学会了改造后系统的操作方法。类似的场景，在DCS班很常见。

在DCS班，有一技之长的员工都有过当师傅的经历。王琳是班里大机组系统的"种子"选手，将自己非常拿手的大机组紧急停车系统故障判断和处理技巧毫无保留地传授给大家。每一名员工都能从别人那里学到几手过硬的"看家本领"。

潘大龙按照员工的文化水平、实际技能水平、系统熟练程度，把员工业务能力进行排列组合，不定期地让员工有时当"先生"，有时当"学生"，互相带动。在这个班，毫无保留地教，不耻下问地学已成为习惯。

潘大龙还把员工技能成长分为起步期、发展期、提升期、成熟期四个梯次，岗位不同要求不同，发展期不同使用不同，根据员工的成长程度调整岗位，从而为员工挑战全新岗位提供了动力。

良好的培训机制使人才不断涌现。目前,DCS班有工程师6人、助理工程师7人、高级技师1人;先后为车间、炼油厂、公司输送了19名专业管理人才。

刘新儒

1991年参加工作，现为中国石油工程建设有限公司第一建设公司金属结构制作工，高级技师、集团公司金属结构制作技能专家。

先后参与高压螺纹锁紧环换热器制造技术研发、大型球罐设计制造安装技术研究等多个项目的技术攻关，并多次获得科技进步奖。多年来，为中国石油培养优秀金属结构制作人才600余人。2014年，担任第43届世界技能大赛国内选拔赛金属构造裁判及培训讲师。2014年至2017年，先后3次赴阿拉伯联合酋长国，在油田项目指导压力管道预制厂及生产工艺规划。2016年，通过技术攻关，解决南海石化惠州炼油项目水封罐虾米腰下料排版技术难题，为企业节约成本60余万元。

曾荣获第一建设公司计算机技能竞赛计算机技术能手、集团公司十一五优秀兼职培训教师、集团公司青年岗位能手、集团公司技术能手等称号。

铆工中的计算机专家

杨 峰 余 琼 吴潘潘

刘新儒是一名铆工，又精通计算机。有同事开玩笑说他既是铆工中最懂计算机的人，又是计算机人才里最好的铆工。

这些年来，刘新儒所做的主要工作，就是把计算机技术同铆工这个行当结合起来，通过技术创新，让施工更精准、更智能，让效率和质量更高。

从尺子到计算器

1989 年，刘新儒高中毕业，考入中国石油第一建设公司技校，成为这所学校招收的首届高中毕业生班的一名学生。

选专业时，父亲考虑到刘新儒体质一般，又特别爱动脑子，就为他选择了铆工专业。

铆工的工作，就是把钢板等金属材料等通过放样、下料、冷热成形、装配等加工流程，制作成某种金属结构。这类工作特别是其中的放样、下料环节并不是单纯的体力活儿，很费脑子，需要掌握识图、制图、计算料长、常用金属材料及热处理等知识，要用到很多数学知识。

上中学时，刘新儒就非常喜欢数学，成绩也很好。在技校的铆工班，他的函数、图形等数学知识和较强的数学思维派上了大用场。一般人看起来有些难的专业知识，他学起来却比较轻松容易。

从技校毕业后，刘新儒以名列前茅的成绩，被分到中国石油第一建设公司石化厂备料车间的下料班。下料班主要负责板材放样和下料，就是把钢板等材料按照需要的形状划在钢板上切割开，比如切割成圆锥体、球体等。

下料班是厂里的龙头班，所从事的工作是装备制造的第一道工序，下料的速度和精确度直接影响着整个工程的产出量和质量。如果这个环节出了错，材料就会报废，后续工作也就没法干了，整个流程就得重来。

刚上班时，刘新儒对车间的一切都充满了新鲜感。工人们干的活儿技术含量很高。那时候，下料仍采取很原始的方法。几个人围着一块钢板，有拿尺子的，有弹粉线和打样冲点的，利用投影关系按照 1∶1 的比例在钢板上画出图形，然后再切割。

比如，如果做一个圆锥体的话，就需要在钢板上“画”出一个扇形来，中间还要不停地计算、调整边的长度、角度大小等。老师傅打样冲点的时候很有节奏感，既快又准还很均匀，让人看了很舒服。

下料班的学习氛围浓厚，工友们即便休息的时候也经常在一起讨论技术问题。

下料班每周都有一次考试。刚入班的时候，刘新儒有点怕考试。老师傅们对他们要求很严格，谁要是考得不好就会挨批评。好在，刘新儒每次考试都能顺利通过。

慢慢地，刘新儒发现，车间里“投影下料，一人拉尺，两人弹线”的工作方法比较落后，存在值得改进的地方。当时，这是整个行业一直沿用的方法，非常繁琐，工人们很辛苦，效率也不高，很容易出错。

刘新儒想到，既然在钢板上计算并画样这么麻烦，是不是可以把这个步骤提前，不用尺子在钢板上量来量去进行放样取形，而是通过一定的公式先把图形的数值算出来?

这毕竟是一项从来没有人进行过的尝试。为了保险起见，刘新儒先选了个简单的图形，开始了试验。他利用解析几何、三角函数等原理，把一些构件的边长、角度等，结合放样、下料的过程整理成公式。在具体施工中，把长宽高、直径等基本数据代入相关公式就可以了。

一试，没问题!

从易到难，一年时间刘新儒完成了30多种常用下料公式的推导和整理，基本实现了从投影画线到人工计算的跨越。原来需要3个人拉尺弹线干半个小时的活儿，使用新的工作方法之后，他一个人拿着计算器和笔，10分钟就能完成，误差率从1mm下降到0.5mm左右。

从计算器到计算机

新方法既快又省事，但从头到尾只有刘新儒一个人计算，没有人复检，出错就是在所难免的。1994年，接连出现的两次事故，让刘新儒不得不重新审视这种方法。

一次，刘新儒下完料，零部件经过加工已经成型，进入组装阶段。结果工人发现因为刘新儒计算错误，把料下大了，零部件不合适。幸运的是，材料经裁剪后，部分板材还能用，却浪费了材料，也浪费了人力，耽误了时间。

随后一次就没那么幸运了。刘新儒在为某个球形封头下料时，又一次计算错误，把料下少了。发现时球体已经成型，无法弥补，材料全部报废。这次失误给刘新儒留下了深刻印象。他切身感受到，用计算器虽然好处多多，但存在先天缺陷，跟以前的老办法一样都有可能出错，必须加以改进。

刘新儒想，能不能省掉繁杂的计算过程，让下料变得再轻松一些？能不能通过机器制作出更加直观的图形，可以一眼就判断出计算结果是否有误？甚至机器本身就能自动校正错误，从而把误差率降到最低？

他想到了机房里的计算机。

当时，厂里有两台 286 计算机，每台机器都是花了两万多元的“天价”买来的，属于厂里的“宝贝”。由于设备昂贵，平时只有班组长、老师傅才能进机房。作为一名学徒工，刘新儒连进机房的资格都没有。但是，他敏锐地感觉到，将计算机应用于下料是大势所趋，也必然会给操作带来质的飞跃。于是，他买了计算机方面的书，自学 DOS 系统方面的知识。由于数学方面的底子好，加上刘新儒兴趣很高，学起来进步很快。

后来，厂里开发了一款系统，但应用时达不到预期效果，计算机就一直搁置着。此时刘新儒已经开始带小组施工了，就想着把闲置的计算机用起来。他觉得，自己有那么多实用的下料公式，如果能掌握计算机编程技术，让计算机帮自己算，肯定能在计算速度、准确率等方面上一个大台阶。

为了掌握更多计算机技术，1995 年，刘新儒考取了洛阳工学院（现河南科技大学）成人高考计算机应用专业。由于学校跟居住地之间没有公交车，每周六周日，刘新儒都会骑上一个多小时自行车去学校上课。碰巧，厂里分来了一名计算机专业的高校毕业生，刘新儒经常向他请教计算机方面的知识。经过摸索，刘新儒设计出了 DOS 系统下常用下料程序。

这款计算机程序很管用，也很好用。人工计算时可能出现的错误，得到了完全避免。程序具有自动纠错功能，如果输入不合理、不正确的数据，系统就会自动检查出来，无法生成下料数据或图形。

从 286 到 386，再到 486、586，随着操作系统的变更，刘新儒不断更新自己的计算机知识。有了计算机这个帮手，刘新儒如虎添翼，工作的智能化水平有了跨越式提升。

但是，由于DOS系统专业性太强，而且没有可视化界面，全部操作都要靠输入字符，整个车间只有刘新儒一人会操作。随着采用图形化模式的Windows系统面世，刘新儒又开始琢磨，能不能改变原有程序，让其在Windows系统下也能操作，从而让车间里的更多人能够操作程序。

设计Windows系统下的程序，需要把原来DOS系统下的程序逐一转化过来。Windows系统在当时还是新事物，刘新儒又开始了新一轮自学。

没想到，在第一个程序转化完，进行调试的时候，便遇到了困难。那是一个简单的锥体放样程序，计算结果始终与实际数据有差距。刘新儒把每一个标点出现错误的可能性都排查了，仍找不到原因。他不断地调试程序，像是着了魔，把所有工作之余的时间都用上了。有时候正吃着饭，脑子里一个念头一闪而过，他便马上放下筷子起身拿起纸笔就开始算。有时候半夜梦到编程，醒来就再也睡不着，翻来覆去思考问题到底出在哪里，一直想到天亮。

艰难攻关3个月以后，第一个程序调试成功了。

2001年，当刘新儒将构件按照图纸设计要求，在对应的系统图形界面输入参数，屏幕上马上显示出构件的三维示意图，并自动计算出所需的实际尺寸。这时候，刘新儒和周围同事们都知道，盼望已久的智能下料系统研发成功了。

有了这套系统，车间里的每名铆工都可以轻松操作电脑自动放样下料。而且，由于图形直观，合理的排版减少了边角余料的浪费，劳动效率成倍提高。下料车间原来一年干2000吨钢板的活儿，通过这套系统一年可以干一亿多吨钢板的活儿。

从计算机到机器人

计算机下料系统大功告成之后，刘新儒又开始琢磨，可不可以将电脑与数控切割机连接起来，让计算机直接指挥切割机操作?

厂里有台数控切割机，是从其他单位转过来的，因为编程复杂、调试困难，这台价值56万元的先进设备就一直闲置着。刘新儒打起了这台数控切割机的主意。

他先到郑州纺织机械厂等单位观摩数控切割机的工作原理，看机器到底怎么用，又从上海中船公司引进一套数控切割软件进行改造。最终，形成了数控切割零件的自动生成模块，实现了下料系统软件与数控切割的无缝对接。工人不但可以用计算机计算结果，指挥切割机操作，还能实现钢板的最优化排版，原材料的利用率从 87% 提升到 94% 以上，每年节约材料费 120 万元。

刘新儒的研发之路并未就此止步。

2013 年，刘新儒注意到，厂里的球罐制造在下料放样计算方面，技术已经很成熟，甚至在很多领域已达到国内领先水平，但在净料画线、净料切割方面，还有革新空间。他主动请缨，带领一个研发团队并联合国内一家技术公司，历时一年，先后攻克了曲面板自动检测技术、激光画线技术、视觉跟踪切割技术等多项技术难题，成功研发了曲面板自动画线切割机器人。

这一技术创新不仅实现了球壳板净料的自动画线，在净料切割方面，更是在国内首次实现了球壳板双面坡口的一次成形，极大地提高了产品质量和施工效率。工人只要输入数据，计算机便直接将计算结果传输到切割机上，由切割机自动进行切割，带着高清摄像头的“电子眼”跟踪检测，不仅精度高，稳定性好，速度还快。目前，该机器人已成为公司球罐制造的核心利器，先后为企业节约人工成本 200 余万元。

刘新儒从技校毕业进厂的时候，工厂周边还是一大片田地。如今，工厂已经被高耸的居民楼包围。工作之余，漫步在厂区，刘新儒时常会感叹这些年来经历的变化：机器越来越先进了，效率提高了，差错率降低了，产量大大增加了。

刘新儒在这个行当的探索创新，还将继续下去……

创新再创中海一
大国重器助力

刘新海

1993 年参加工作，现为中国石油工程建设有限公司第一建设公司电焊工，高级技师、集团公司电焊技能专家。

多次参加国家重点工程建设，1994 年参加新疆吐哈石油会战，2003 年参加中国援建苏丹的发电厂建设。2011 年，在国家重点工程——四川石化炼化一体化工程现场重点指导管道预制厂管道自动焊焊接。2013 年，到新疆库尔勒克拉苏气田输气管道工程项目帮助解决百口磨合阶段焊接合格率低的问题。近年来参与多项企业重点科研项目，提出多项技术革新。

曾获河南省技术能手、河南省五一劳动奖章、首届中国十大杰出青年技师、全国青年岗位能手、全国技术能手、全国五一劳动奖章等荣誉。

焊接完美主义者

杨 峰 余 琼 吴潘潘

熟悉刘新海的人都知道，他是个焊接完美主义者。参加工作以来，他的焊接合格率始终保持在 100%。

“完美”的背后，有很多故事。

寻焊条技从苦来　拜名师艺求精深

焊条！焊条！焊条！

为了在工作之余练习焊接，焊条成了刘新海四处寻找、最想得到的东西。

这是在 1993 年，刘新海从技校毕业后，被分到位于新疆维吾尔自治区的中国石油吐哈项目工地实习。急于学技术、长本事的他，想得到更多练习的机会，而想要练习手里就必须得有焊条。

刘新海找到保管员，想要一些焊条。听说刘新海取焊条只是为了练习，保管员没有答应。

“有没有废焊条？废焊条也可以。”刘新海问。

“废焊条也不行，还能用在劳动保护上。”保管员说。

刘新海能理解保管员。当时在工地，焊条是很紧缺的一种物资，市场上根本买不到。刘新海和工友们从北京出发去新疆时，每个人都要背上几十斤焊条。

有一天，刘新海在工地上行走的时候，感觉脚下硬硬的。踢出来一看，是一条废弃的焊条头！差不多是废焊条的一半长，还能用！他如获至宝。接着，他在工地上挖出了十几根这样的焊条头。

刘新海对技术的痴迷，早在读技校时就开始了。初中毕业时，动手能力强的他，选择了焊接专业。这也是他父亲的老本行。上学时，他觉得时间不够用，经常利用周末在学校的实习车间练习，有时到了吃饭的时间还没回家。就这样，3 年的学习，刘新海练就了扎实的基本功，形成了在技术上追求极致的精神。

在工地上找到了焊条头，刘新海开始了苦练。但他觉得自己进步不够快，焊条头用完了，技术水平并没有实质性提升。他想找个技术精湛的老师傅，拜他为师。但当时在新疆人生地不熟，刘新海上哪儿去找这样一个人呢？

一次，刘新海看到一个焊接产品，觉得它太完美了！他打听到，这是一位名叫梅同军的老师傅焊的。于是，他找到了梅同军，想拜他为师。没想到，梅同军一口回绝了。

虽然很失望，也搞不懂为什么这位老师傅不收自己为徒，但这并没有影响刘新海的工作和对技术的追求。他依旧一丝不苟地干活儿，捡到了焊条头就专心练习。

约莫一个月之后，梅同军找到刘新海，对他说："你跟我干吧。"刘新海明白，梅同军收自己为徒了！

后来刘新海才知道，梅同军收徒弟的门槛很高，这一个月中他一直在暗中观察自己，看到他能吃苦，肯钻研，确实喜欢这门手艺，认定了他是块搞技术的料，这才答应收他做徒弟。

"师傅的水平真高！有师傅带跟没师傅带就是不一样！"跟了梅师傅才几天，刘新海就切身感受到了。在施工现场，干了一会活儿，梅师傅会叫刘新海停下来席地而坐，给他讲操作技巧，讲如何避免犯错，指点迷津，传授技艺。"师傅给我讲半小时让我明白的道理，我要是只自己练可能得练十几天甚至几十天才能领悟到。"刘新海说。

跟着师傅，刘新海更加刻苦地练习，技术突飞猛进。3 个月后，他就可以独立上岗了。

克难关一鸣惊人　谋创新多点突破

93%，94%……经过超声波探伤和射线探伤，合格率出来了。“怎么这么低？”不少老焊工不敢相信这是真的。

1996 年，刘新海在天津大港油田一个项目的球罐焊接工地施工。焊条的工艺性能不是很好，工地的 60 多名焊工为了保证焊接质量，多次提出更换焊条。可是 3 次更换焊条后，其性能还是存在问题，合格率还是上不去。百分之九十几的合格率，对这些老焊工来说已经是职业生涯中最低水平了。有的焊工心情郁闷，吃饭时喝了点酒，说起这件事，说着说着就哭了起来。

当时，刘新海是一位只有 3 年工龄的学徒工，在工地上默默无闻。他试了试焊条，觉得确实不好用。刘新海想到，这对焊接技术提出了更高要求，必须改进焊接操作方法。就好比骑手遇到了一匹烈马，要驯服它必须拿出真本事，用上高超的技术。刘新海使出浑身解数，焊接时不断变化角度，控制熔池的熔化状态，克服了焊条性能差带来的种种困难。

两台球罐焊接完，整个工地只有刘新海的超声波探伤和射线探伤焊接合格率达到了 100%。

为了保证后续 6 台球罐的焊接质量，项目部紧急召开了现场质量分析和经验交流会。刘新海把自己的心得毫无保留地讲给大家。项目部立刻成立了返工小组，由刘新海负责前两台球罐中不合格焊道的返修任务，他圆满地完成了返修任务。在他的带领下，后 6 台球罐的整体焊接合格率也提高到了 99% 以上。

刘新海在厂里一鸣惊人。之后，有的项目部遇到了难以解决的问题，找他；有的项目部碰上了返工的活儿，也会找他。返工的活儿不好干，因为返工不能超过两次，工艺上不允许。有时候，有的项目第一次返工后仍不合格，项目部就不敢让原有工人再返工，而会想到找刘新海帮忙。有时候他们所碰到的问题已经差不多相当于医学上的癌症了，没有真本事是根本不可能解决的。

一次，在一个项目的前期施工中，管线焊接的质量达不到客户的要求。这里的活儿一停，后面的活儿就没法干了。项目部紧急把刘新海从别的工地调到这里。他到了现场一看，工人们已经停工，影响了后面的工序。

刘新海马上同客户交流。他潜心研究客户提出的标准，根据多年的施工经验，琢磨出了一套绣花式焊接方法——精心焊接每一道口，焊道高度一致、宽窄一样，看不出接头，焊纹均匀细密。焊道表面没有咬边、飞溅物，焊道盖面后无须修磨，表面必须光滑、美观，最后用钢丝轮把焊道清理干净。

这是一套比国家规定的焊接质量标准还要高的标准。按照这种标准，刘新海焊接出来的产品，不但一次合格率达 100%，而且比进口管道自动焊设备焊得还要好。

一个星期过后，刘新海完成了前期全部焊接任务。客户用设备检测后，非常满意。随后，工地上的焊工按照这套施工方法操作，焊接质量大大提高，施工进度没受影响。客户还把后续的球罐主体安装等工程交给了项目部。

近年来，刘新海提出了多项技术革新，并在全国各行业的球罐施工中得到广泛应用。他提出分段退焊成型工艺，节约了液化气，降低了焊工施工的环境温度，降低了焊工的劳动强度。他创新了球罐打磨焊道表面工艺，淘汰了我国沿用多年的日本施工工艺，大大节约了工程建设成本。

比技能勇创佳绩　带弟子桃李满园

虽然成名较早，但随后几年一直没能参加技能大赛，成了刘新海心中的一个遗憾。

1998 年，一建公司推荐刘新海参加集团公司的焊工比武，但工地离不开他，他没能参加。当时，刘新海在施工队、在一建公司已经名声大噪。有时候他会想，在河南省，在整个集团公司，在全国焊接行业，自己的技术水平能排在什么位置呢？

2004 年，一较高低的机会终于来了。河南省要举办首届职工技术运动会。由于是首届运动会，河南省及驻该省的各企业都非常重视，纷纷派出各自的得力干将，赛场上可谓高手云集。

刘新海在一建公司的选拔赛中脱颖而出，取得了第二名的成绩。前五名选手集训两个月，每周都有模拟考试。第一名换来换去，只有刘新海的成绩非常稳定，每次都是第二名。名次不变不代表没有进步。第一次考试时，刘新海与第一名差了 20 多分。最后一次考试，他与第一名只差一分了。

对技艺的执着追求和精益求精的工匠精神，让刘新海在河南省首届职工技术运动会中完成逆袭，成功登顶，取得第一名！

颁奖时，出现了颇为戏剧性的一幕。刘新海和另一名选手总分并列第一名，但主办方只准备了一个冠军奖杯，该发给谁呢？主办方经过讨论后决定，在总分相同的情况下，把冠军奖杯颁给实际操作分数更高的选手。刘新海的实际操作分数更高，获得了冠军奖杯。

如果凭此认为刘新海的理论知识比较欠缺，那就大错特错了。从技校毕业的时候，有的同学把书扔了，而刘新海却把专业书带在身边，特别是《电焊工工艺学》和《金属材料与热处理》这两本书，他更是时常翻看。2002 年，刘新海去苏丹的一个项目工地，带了一本三指厚的专业书，工作之余就拿出来研读。

书本知识的积累，不仅帮助刘新海在工地上不断提高技术水平、解决了一个又一个难题，也在他参加技能大赛时派上了用场。河南省首届职工技术运动会结束后，刘新海马不停蹄参加了集团公司电焊大赛。这是他第一次参加集团公司的比赛，同场竞技者水平都很高，其中有不少老选手。大赛指定了一本参考书，供选手备战时复习。那次大赛别出心裁，打破常规，理论知识考试时没有一道题出自这本参考书。靠着平时的积累，刘新海看到题目不慌不乱，从容答题。最终，他赢得了总分第二名的好成绩。

参加比赛时，刘新海已经 33 岁了，早过了参加技能比武的黄金年龄，体力比不上那些 20 来岁的选手。备战河南省首届职工技术运动会时，他在郊区集训，训练量非常大，回家的路上走到半路就骑不动自行车了，只好叫了三轮车载着自己和自行车回家。半夜两三点，他干活儿积下的老毛病又犯了，坐着也疼，躺着也疼。尽管如此，从 2004 年 9 月到 2005 年 5 月，刘新海密集参加了 5 项大赛，除了河南省首届职工技术运动会和集团公司电焊大赛，他在河南省首届青年职业技能大赛中获得第一名，在全国工程建设系统第七届焊工技术比赛中获得团体冠军和个人 A 组第六名，在首届“振兴杯”全国青年职业技能大赛中获得第一名。

这一系列比赛结束后，一建公司选派他到西安交通大学进修。一年的学习时间，他认真上课，课余就泡图书馆。刚入学的时候，他看不明白论文，抓不住重点。他充分利用学校的网络信息资源，一年的时间里下载、阅读了 728 篇论文。毕业时，他已经会写论文了。这些年来，他发表了《球罐焊接裂纹处理》《板对接仰焊单面焊双面成形打底技术》等 14 篇论文。

中学毕业时，本来父亲给刘新海选了铆工这个专业，但刘新海觉得自己动手能力强，对焊接更感兴趣。工作之后，刘新海经常跟同在一个公司的哥哥，高级技师、计算机专家刘新儒交流业务，互相帮助。碰到焊接方面的问题，刘新儒经常请教刘新海。刘新儒精通计算机，也帮了刘新海不少忙。“我的很多计算机知识都是跟我哥哥学的，现在我可以算是焊工里的电脑高手了。”刘新海笑着说。

近年来，刘新海参与开发了焊接操作计算机模拟系统，用计算机模拟出焊接场景、焊缝外观成型和焊缝冷却过程。焊工可以在仿真的环境下接受焊接培训，由系统进行评判并给出建议。这个系统实现了焊接培训的节能化、高效化、绿色化，获 2013 年度中国施工企业管理协会科学技术奖科技创新成果二等奖。

如今，刘新海是一建公司焊接研究培训中心的高级技师。笔者见到刘新海时，他正在培训准备参加技能比赛的年轻选手。近年来，他培训了 2000 多名技术工人，所带学员多次在全国、省级大赛中获奖。2012 年，他还奔赴伊拉克，为当地培训了 80 名焊工。

（本书图片由中国石油所属各公司提供）